Michael Job · Kinder im Glauben begleiten

Michael Job

Kinder
im Glauben begleiten

Die Persönlichkeitsentwicklung von
Kindern und ihre Begleitung
in der Gemeinde

Hilfen für Eltern und Mitarbeiter

 bibellesebund

Michael Job, Jahrgang 1963, ist verheiratet, hat zwei Kinder und lebt in Hannover. Nach Abitur und anschließendem Zivildienst in einer Kinder- und Jugendpsychiatrie studierte er Musikpädagogik in Hannover und schloss sein Studium als Diplom-Musiklehrer ab. Nach mehrjähriger Lehr- und Leitungstätigkeit in einer städtischen Musikschule wechselte er 1994 in den Gemeindedienst. In einer Evangelisch-Freikirchlichen Gemeinde in Hannover ist er seit über 14 Jahren im Bereich der Kinder- und Jugendarbeit tätig.

Angaben zu den Bibelstellen:
S. 11 und S. 83, 5 Mose 6,4-9: Elberfelder Bibel
S. 45, Psalm 34,9: Neues Leben
S. 48, 1 Samuel 17,37: Elberfelder Bibel

ISBN: 978-3-87982-359-8
© 2010 Bibellesebund e. V., Marienheide

Satz: Breklumer Print-Service, Breklum
Umschlaggestaltung: Jonas Heidenreich, Düsseldorf, jonasxjonas.de
Umschlagfoto: fotolia, Monkey Business
Illustrationen: iStockphoto.com
Druck: Brockhaus Druck, Dillenburg

Für meine leitenden Mitarbeiter
in der Kinder- und Jugendarbeit.

Für Katrin und Olaf,
Sabine und Peter,
Beate und Detlef,
Doris und Michael,
Beate und Rainer,
Maija-Leena und Johannes,
Carla und Daniela,
Maren und Katrin,
Sabine und Jann-Timo,
Bettina und Jonathan,
Marianne und Erwin,
Thomas und Maren,
Mareike, Linn und Magda

Danke für eure Treue und Hingabe,
mit der ihr seit so vielen Jahren die Kinder und
Jugendlichen in euren Gruppen begleitet!

Inhalt

Einleitung

„Ich habe meiner Mutter erzählt, ich hätte in Mathe eine Zwei geschrieben, dabei war es eine Vier. Ich habe sie angelogen. Ich möchte Jesus dafür um Entschuldigung bitten." Die achtjährige Louisa kommt während einer Freizeit zu mir. Sie weiß, dass eine Lüge nicht zu dem passt, an den sie glaubt. Es ist ihr wichtig, diese Lüge vor Gott, einem Mitarbeiter und später auch ihrer Mutter aus der Welt zu räumen.

„Es ist so schwer zu glauben", schreibt die 13-jährige Carmen unter den Fragebogen, den sie soeben in der Teenagergruppe ausgefüllt hat. Sie sollte die Dinge aufschreiben, die uns darin hindern, einen eigenen Glauben zu entwickeln. Es fiel ihr nicht schwer, etliche Hindernisse zu notieren.

„Glaubst du auch an Jesus?", fragt der fünfjährige Felix die Großtante, die zu Besuch gekommen ist. *„Nein"*, antwortet die Tante und fragt zurück: *„Warum sollte ich das denn?"* Felix im Brustton der Überzeugung: *„Weil das besser für dich wär'."*

Ich sitze mit Jonas auf der Bettkante meines Mitarbeiterzimmers. Nach dem Mittagessen hat er mich gefragt, ob ich Zeit für ihn hätte. Nun eröffnet mir der 15-Jährige, dass er endlich *„ganze Sache"* mit Jesus machen möchte und *„das viele Hin und Her"* leid wäre. Im Gebet formuliert er, dass er mit seiner ganzen Person, mit allem, was ihn ausmacht, Jesus nachfolgen will.

Kinder jeden Alters machen ihre Erfahrungen mit Gott. Diese Erfahrungen sind vielfältig und unterschiedlich. Sie handeln von unerschütterlicher Gewissheit und großen Zweifeln, es geht um Lügen, Stehlen und Wiedergutmachen, um Freundschaft zu Gott, Beziehungen zu anderen und um Nachfolge Jesu. Dies alles umso mehr, wenn sie in christlichen Elternhäusern von klein auf mit Glaubensinhalten vertraut gemacht worden sind oder in einem gemeindlichen Umfeld aufwachsen.

Wie aber entwickelt sich der Glaube eines Kindes? Welche Rolle spielt dabei seine körperliche, soziale, intellektuelle oder emotionale Entwicklung? Und wie können wir Kindern in den jeweiligen Phasen helfen, Glaubensschritte zu gehen, ohne sie zu überfordern oder gar zu manipulieren? Diesen Fragen soll in dieser Arbeit nachgegangen werden.

Im Mittelpunkt steht das Kind, das uns in der gemeindlichen Kinder- und Jugendarbeit anvertraut ist. Die Betrachtungen beginnen mit dem zweijährigen Kind, das sich erstmals (und meist nur kurzzeitig) ohne Eltern in einer Gruppe, wie z. B. dem Kindergottesdienst, zurechtfindet. Sie enden im Jugendalter von etwa 17 Jahren nach Abklingen der Pubertät. Die Säuglingsphase wird nur kurz angerissen.

Innerhalb dieser Altersspanne wollen wir die einzelnen Entwicklungsstufen genauer betrachten. Ziel dabei ist es, den Kindern in ihrer jeweiligen Lebensphase ein Stück „unter die Haut zu kriechen", um ihr Denken und Fühlen besser verstehen und daraus Rückschlüsse für die pädagogische Gemeindearbeit ziehen zu können.

Maßgeblich ist dabei der Blickwinkel der Eltern und Kindermitarbeiter. Ihnen soll diese Arbeit als Hilfestellung im Gemeindealltag dienen. Eltern und Mitarbeiter stehen in der Gemeinde in einer gemeinsamen Herausforderung: Das anvertraute Kind in sozialer, emotionaler und intellektueller Hinsicht zu fördern, ihm zu helfen, seine Begabungen zu entfalten und seine Fähigkeiten zu erweitern. Diese Erziehungsziele decken sich mit denen von Kindertageseinrichtungen oder Schulen. Darüber hinaus aber verbindet sie ein weiteres Anliegen: Sie haben den Wunsch und das erklärte Ziel, das Kind auf seinem Weg des Glaubens zu begleiten.

Dazu müssen Eltern und Gemeinde zum Wohl des Kindes partnerschaftlich zusammenarbeiten. Die Verantwortung für die religiöse Erziehung der Kinder liegt bei den Eltern. Sie entscheiden, wie und in welchem Umfang diese Erziehung stattfindet. Gemeinde will und soll Eltern bei der religiösen Erziehung unterstützen. So wie derzeit vielfach von „Erziehungspartnerschaften" oder „Bündnissen für Erziehung" die Rede ist, so müssen sich auch Gemeinde und Eltern als Verbund verstehen. Die religiöse Erziehung des Kindes sollte in einem Bündnis zwischen Eltern und Gemeinde geschehen.

Als verbindende Zielvorgabe können die Worte aus 5 Mose 6,4-9 gelten:

Höre, Israel: Der HERR ist unser Gott, der HERR allein! 11
Und du sollst den HERRN, deinen Gott, lieben mit deinem ganzen Herzen und mit deiner ganzen Seele und mit deiner ganzen Kraft.

Und diese Worte, die ich dir heute gebiete, sollen in deinem Herzen sein. Und du sollst sie deinen Kindern einschärfen, und du sollst davon reden, wenn du in deinem Hause sitzt und wenn du auf dem Weg gehst, wenn du dich hinlegst und wenn du aufstehst. Und du sollst sie als Zeichen auf deine Hand binden, und sie sollen als Merkzeichen zwischen deinen Augen sein, und du sollst sie auf die Pfosten deines Hauses und an deine Tore schreiben.

Diesen Auftrag Gottes an das Volk Israel wollen auch wir uns zu eigen machen. Wir wünschen uns, dass immer mehr Kinder und Jugendliche Gott von ganzem Herzen lieb gewinnen, und zwar mit ganzer Seele und all ihrer Kraft. Darum wollen wir die Kinder in unseren Gruppen in Glaubensfragen unterweisen und begleiten. Die Anforderungen an uns selbst sind nicht gering: Wir sollen diese Worte zuallererst selbst beherzigen und erst dann unseren Kindern weitersagen und sogar einschärfen.

Vor allem aber soll die Liebe zu Gott unser ganzes Leben durchdringen. Zuletzt gibt Gott selbst uns kreative Ideen zur pädagogischen Vermittlung seiner Worte.

Um den Auftrag zu erfüllen, hilft es, die verschiedenen Stufen der Entwicklung eines Kindes ernst zu nehmen. Andernfalls laufen Eltern und Kindermitarbeiter Gefahr, dass das Kind eine Botschaft ihnen zuliebe annimmt, die es nicht verstanden hat. Oder aber Kinder scheinen vordergründig unsere Lehre zu akzeptieren – in Wirklichkeit aber haben sie nur keinen Raum für ihre Fragen und Zweifel. Darum müssen wir sorgsam die Entwicklungsprozesse betrachten. Sie helfen uns, Kinder und Teenager besser in ihrem Wesen zu verstehen und sie in ihrer Glaubensentwicklung zu begleiten.

Die Entwicklungsstufen des Kindes und mögliche Glaubensschritte

Es gibt viele unterschiedliche Theorien über menschliche Entwicklungsstufen. Mal wird stärker der kognitive Aspekt betrachtet (Jean Piaget), mal die psycho-soziale Komponente (Erik H. Erikson), mal geht es um die Entwicklung der Moral (Lawrence Kohlberg) oder um klassisch-psychologische Betrachtungen (Sigmund Freud). Alle diese Theorien lassen den Glaubensaspekt außer Acht.

Erst seit den 1970iger Jahren haben sich vermehrt auch Theologen der Entwicklungspsychologie genähert und die Glaubensentwicklung betrachtet (z. B. James W. Fowler[1], James Loder[2], John Westerhoff[3]). Im deutschsprachigen Raum haben u. a. Hans-Jürgen Frass[4] und Karl Ernst Nipkow[5] über Religionspädagogik und entwicklungspsychologische Themen gearbeitet. Autoren wie Frank und Catherine Fabiano[6] oder Francis Bridger[7] haben auf Grundlage dieser Theorien ihre seelsorgerlichen oder theologischen Akzente gesetzt.

Der Ansatz dieser Arbeit ist in erster Linie pädagogischer Natur. Wir wollen die verschiedenen Entwicklungsstufen des Kindes betrachten, um Rückschlüsse für die Arbeit mit den Kindergruppen in unseren Gemeinden zu ziehen. Dabei wollen wir uns in jeder Phase fragen, wie uns dieses Wissen helfen kann, das Kind und den Jugendlichen in seiner Glaubensentwicklung zu begleiten. Meine Erkenntnisse stützen sich im Wesentlichen auf meine Beobachtungen und Schlüsse, die ich in der Kinder- und Jugendarbeit gezogen habe und auf die Ausführungen von Fabiano und Bridger (s. o.) zu diesem Thema.

Eines ist dabei wichtig: Immer wenn es um Entwicklungen bei Menschen geht, kann man lediglich Tendenzen aufzeigen. Schließlich lebt der Mensch nicht nach theoretischen Entwicklungsstufen. Aussagen über die Entwicklungsvorgänge beim Menschen werden immer aufgrund von Beobachtungen am Menschen gemacht. Dazu wird eine möglichst große Gruppe von Gleichaltrigen betrachtet und die Entwicklungen, die bei der Mehrzahl ähnlich verlaufen, werden wissenschaftlich erfasst und systematisch geordnet. Das bedeutet aber gleichzeitig, dass es immer auch Ausnahmen, Verschiebungen und Entwicklungsverzögerungen geben kann. Die Altersangaben dienen lediglich zur Orientierung.

Das Kleinkind (2 Jahre)

Wäre diese Arbeit seelsorgerlich ausgerichtet oder hätte z.B. die Heilung der Persönlichkeit zum Thema, so würden die folgenden Beschreibungen mit der vorgeburtlichen Phase beginnen. Die Ereignisse der frühesten pränatalen Entwicklungsstufe bilden in vielerlei Hinsicht die Basis für unser Leben. Für werdende Eltern wäre zusätzlich eine ausführliche Behandlung der ersten Lebensmonate von Interesse. In dieser Phase werden bereits Prägungen mitgegeben, die grundlegend sind für die spätere Identität, das Selbstbild und Urvertrauen. Ich möchte mich beim Säugling auf folgende Aussagen beschränken: Die ersten Erfahrungen des Kindes mit seinen Eltern, ihre Annahme oder Ablehnung, ihre Verlässlichkeit oder Unzuverlässikeit, ihre Treue oder Untreue, Zuwendung und Liebe haben Auswirkungen auf die spätere Glaubensfähigkeit des Kindes. Durch das Vertrauen zu Mutter oder Vater, die kontinuierlich und verlässlich da sind, lernt das Kind, was es heißt, sich auf Treue verlassen zu können. Das ist sein erster Glaubensschritt.

Im Alter von etwa zwei Jahren vollzieht sich bei jedem Kind eine Wandlung. Aus dem niedlichen Baby wird ein kleiner Tyrann. Trotz, Zorn, Wut und Widerstand stehen auf der Tagesordnung. Das Kind strebt erstmals nach Unabhängigkeit und mehr Selbstständigkeit.

Wir alle kennen solche Situationen: In einem Supermarkt hat ein Kleinkind die begehrte Süßigkeit nicht bekommen. Lautstark versucht es seinen Willen durchzusetzen. Es schreit, weint und stampft und alle Augen sind auf das Kind und die Reaktion der Mutter gerichtet. Mitunter steigert das Kind seine Wut, bis es sich auf den Boden schmeißt.

*Die Mutter kann in solchen Situationen die unausgespro-
chenen Kommentare förmlich hören: „Hartherzige Mutter!" oder: „Jetzt nur nicht nachgeben." – Eine höchst un-
angenehme Situation.*

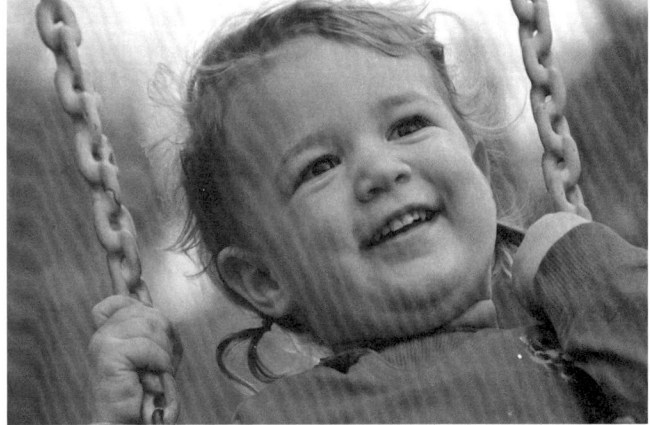

Spätestens damit beginnt die Zeit der Disziplin und der Konsequenzen für unangemessenes Verhalten.

Der größte Widerstand richtet sich gegen die Mutter. Während sie bisher alle Dinge des täglichen Lebens für das Kind
geregelt hat, ist es nun an der Zeit, die Symbiose mit der Mutter zu lösen. Das Kind erkennt, dass es eine eigene Person ist,
unabhängig von der Mutter und anderen Personen. Es beginnt
selbstständig zu denken, will selbstständig handeln, kleinere
Aufgaben bewältigen und so die Symbiose lösen. Das Schlüs-
selwort dieser Entwicklungsphase heißt: Nein! Damit grenzt
sich das Kind gegen die ihm zu eng gewordene Bindung zur
Mutter ab.

Die Kleinkindphase ist wichtig für die Entwicklung unserer späteren Unabhängigkeit und Individualität. Daher ist es
entscheidend, die ersten Anläufe zur Selbstständigkeit nicht zu

unterbinden. Es ist in Ordnung, wenn das Kind die Keksdose selbst erobert oder gar selbstständig sein Brot schmieren will. Nur wenn wir das Kind eigenständig gewähren lassen, ihm aber genug Schutz vor Gefahrensituationen geben, entwickelt es die nötige Sicherheit, die die Vorraussetzung für Selbstständigkeit ist. Wenn das zweijährige Kind dagegen merkt, dass seine Unabhängigkeit unterbunden wird oder dazu führt, im Stich gelassen zu werden, wird es die Symbiose fortführen. Manche Mütter empfinden die aufkeimende Unabhängigkeit ihres Kindes als Bedrohung ihrer Autorität. Andere legen eine zu große Sorglosigkeit an den Tag, in deren Folge sich das Kind verletzt. Beide Verhaltensweisen können das kindliche Unabhängigkeitsstreben behindern. Das Resultat: Die Abhängigkeit bleibt bestehen und das Kind lässt auch in Zukunft andere für sich die Aufgaben lösen.

Eine weitere Entwicklung vollzieht sich in dieser Altersphase. Das Kind nimmt erste Beziehungen zu Menschen außerhalb der Familie auf, zum Beispiel im Kindergarten oder in der Gemeinde. Es beginnt, sich nicht mehr allein um sich selbst zu drehen, sondern macht zarte Versuche, sich mit anderen zusammenzuschließen. Es lernt, dass es nicht mehr der Mittelpunkt des Universums ist und sein Verhalten etwas mit den Gefühlen und Gedanken anderer zu tun hat. Auf sie muss es nun Rücksicht nehmen.

> Es ist entscheidend, die ersten Anläufe zur Selbstständigkeit nicht zu unterbinden.

Wie kann uns das Wissen um diese Vorgänge bei der Begleitung des Kleinkindes helfen?

Wenn wir das Kleinkind bei seiner Entwicklung zum Glauben unterstützen wollen, dann dadurch, dass wir eine verlässliche Liebesbeziehung zu ihm haben, die sich auch in liebevollen

Annahme und Vertrauen sind die Schlüsselworte der frühen Altersstufe. Das daraus gebildete Urvertrauen ist der Grund, auf dem sich später der Glaube entwickelt.

Worten ausdrückt. Annahme und Vertrauen sind die Schlüsselworte der frühen Altersstufe. Das daraus gebildete Urvertrauen ist der Grund, auf dem sich später der Glaube entwickelt. Dort, wo das Kind unerwünscht ist und Ablehnung spürt, wird es sich später unweigerlich die Frage stellen, warum Gott es wohl annehmen sollte, wenn es nicht einmal diejenigen tun, die es in die Welt gesetzt haben. Einer fehlenden Annahme in dieser Lebensphase kann nur durch das Erfahren konstanter, geduldiger Liebe in späteren Phasen begegnet werden.

18   Auch in der Gemeinde gilt es, durch konstante Beziehungen die Grundlage für Vertrauensfähigkeit zu schaffen. Verlässliche Anwesenheit durch das vertraute Gesicht der bekannten Bezugspersonen hilft dem Kind, sich aufgehoben zu fühlen. Häufig rotierende Mitarbeiter und wechselnde Zuständigkeiten sollten in den frühen Altersstufen vermieden werden.

Das Vorschulkind (3–5 Jahre)

Im Vergleich zu der eher anstrengenden Kleinkind-Phase beginnt nun ein ausgesprochen netter und freundlicher Lebensabschnitt. Das drei- bis fünfjährige Kind ahmt nach, was es sieht, und plappert nach, was es hört. Die Kämpfe haben nachgelassen und die Vorgaben der Eltern werden weitgehend akzeptiert. Eltern und Mitarbeiter lieben dieses Alter. Sie genießen es, wenn die Trotzperiode abgeschlossen ist.

Bei unseren Treffen der leitenden Kindermitarbeiter fallen die Berichte zu der Altersgruppe seit Jahren regelmäßig aus dem Rahmen. Die Mitarbeiter berichten fast ausschließlich von netten Gruppenstunden, liebenswerten Kindern und konfliktfreien Konstellationen. Eine durchaus typische Erfahrung.

Das drei- bis fünfjährige Kind ist deutlich aufmerksamer und rücksichtsvoller als zuvor. Es ist sehr zugewandt und macht gerne Geschenke. In meinen Kindergruppen dieser Altersstufe werde ich seit Jahren mit mitgebrachten Blättern, ausgeschnittenen Vielecken und selbstgemalten Bildern bedacht. Das Kind wird teilnahmsvoll und mitfühlend. Es nimmt Trauer und Ärger bei Eltern oder Mitarbeitern wahr. So kann es einem Mitarbeiter passieren, dass ein Vierjähriger ihn fragt, ob er „irgendetwas hat", weil er heute so traurig aussieht. Das Kind ist vertrauensvoll, offen und hilfsbereit. Es nimmt sich gerne Erwachsene zum Vorbild, möchte ihnen gefallen und ihnen helfen, auch wenn diese nicht darum bitten. Das Größte ist es, Papa oder Mama in der Küche oder im Garten zur Hand zu gehen. Hier fühlt es sich wichtig und ernst genommen und kann den Eltern gegenüber seine Liebe ausdrücken.

In diesem Alter entwickelt sich allmählich das Miteinander mit Gleichaltrigen. Aus dem Spiel des Zweijährigen, der noch ganz mit sich alleine beschäftigt ist, wird nach und nach das Spiel mit anderen Seite an Seite, also *nebeneinander*. Dabei gehen die Kinder aber noch nicht aufeinander ein. Im Alter von vier Jahren beginnen die Kinder, *miteinander* zu spielen. Die Spielformen des Kindes geben deutliche Auskunft über seine soziale Reife. Das Kind beginnt im Kindergarten und in der Gemeinde mit bestimmten Kindern spielen zu wollen. Es schließt zarte Freundschaften und trifft gerne regelmäßig seine Freunde.

Das Spiel und insbesondere das Rollenspiel bekommt einen hohen Stellenwert. Das Kind spielt komplexer und anspruchsvoller und sein Bedürfnis nach Anerkennung von der Umgebung („Mama, guck mal, was ich gebaut habe …") steigt. Im Spiel hat es die Möglichkeit, die Wirklichkeit zu verarbeiten, aber auch hinter sich zu lassen und neue „Welten" zu erforschen. „Das Spiel gibt dem Kind Raum, seinen Erlebnissen Ausdruck zu verleihen und emotionale Spannungen zu verarbeiten, die es sonst in keiner Form bewältigen kann."[9] Eine der lustbetontesten Tätigkeiten ist nun das Rollenspiel. Mit Einleitungen wie: „Ich bin jetzt wohl mal ein ... und du bist der ..." greift das Kind Wissen auf, wie sich Männer und Frauen, Eltern und Kinder, Verkäufer und Kunden, Polizisten und Diebe, Lehrer und Schüler, Musiker, Handwerker u. a. untereinander verhalten. So werden Rollenverständnisse aufgebaut, Geschlechterrollen und Identität entwickelt. Besonders Konflikte und Spannungen können im Rollenspiel auf spielerische Art gelöst werden. Dies ist auch das Alter, in dem Theateraufführungen, Zirkusprogramme u. v. m. in stundenlanger Vorbereitung ausgestattet, eingeübt und schließlich den Eltern vorgeführt werden.

Kinder in dieser Lebensphase fragen unentwegt „warum?". Sie sind wie kleine Scanner, die unaufhörlich alles nur erdenkliche Wissen über die Welt sammeln, um es für den Rest des Lebens auf ihrer Festplatte zu speichern. Dabei ist das Vorschulkind in seiner Wissbegier enorm ausdauernd und aufnahmefähig. Unermüdlich versucht es, Ordnung und Sinn in die von ihm wahrgenommene Wirklichkeit zu bringen. Für Eltern und Mitarbeiter ist es wichtig, ihm genaue und altersgemäße Informationen zu geben, ohne es zu belächeln oder auf eine Erklärung im fortgeschrittenen Alter zu vertrösten. Die Fragen des Kindes sind vielfältigster Natur und können ihre Bezugspersonen an die Grenzen ihrer Belastbarkeit und ihres Wissens bringen: Warum ist der Himmel blau? Warum fallen die Blätter vom Baum? Warum sieht man den Mond am Tag?

Es war vor einigen Jahren. Ich befand mich mit meinem fünfjährigen Sohn auf einer großen Messe-Veranstaltung. In einer der Ausstellungshallen entdeckte er ein merkwürdiges Modell, das sein Interesse weckte. Die Frage kam unweigerlich: „Papa, was ist das?" – „Das ist ein Atomkraftwerk", erklärte ich unzureichend. „Wozu ist das da?" – „Damit wird Strom gemacht." Die Antwort genügte nicht.

„Wie wird der Strom gemacht?" Angesichts all der komplexen Vorgänge in einem Atomkraftwerk, die ich selber nicht verstand, gab ich zurück: „Das kann ich dir nicht erklären." Mein Sohn, gewohnt, dass ich ihm immer alles irgendwie beantworte: „Papa, versuchIs doch!" So fand ich mich schließlich auf einer Stufe der Messehalle wieder und erklärte meinem neben mir sitzenden Sohn die Funktionsweise eines Atomkraftwerkes. Unser mitgebrachtes Wurstbrot half mir dabei: „Wenn wir dieses Brot in zwei Teile teilen, und dann die eine Hälfte nehmen und wieder teilen; von diesem Teil wiederum die Hälfte nehmen und teilen und immer so weiter – dann brauchen wir irgendwann große Maschinen dazu. Wenn der Krümel schließlich so klein ist, dass man ihn eigentlich nicht noch einmal teilen kann, ihn aber doch noch einmal teilt, entsteht daraus ganz viel Strom und Kraft. – Das wird in einem Atomkraftwerk gemacht." Mein Sohn stand auf und sagte: „Papa, das hast du gut gemacht. Das habe ich verstanden!" und zog mich weiter …

Etwa ab dem vierten Lebensjahr erleiden viele Kinder den Beginn der Angst. Sie fangen an schlecht zu träumen und sprechen über angstmachende und schaurige Ereignisse. Plötzlich fürchten sie sich vor der Dunkelheit und möchten, dass das Nachtlicht an bleibt. Dabei gibt es bei Kindern (und Erwachsenen) einen engen Zusammenhang zwischen Ordnung und Sicherheit auf der einen sowie unstrukturierten Abläufen und Angst auf der anderen Seite, den wir nicht unterschätzen dürfen. „Kinder brauchen in diesem Alter eine konsequente und strukturierte Erziehung. Je mehr sie ihr Verhalten ohne Einmischung der Eltern unter Kontrolle bringen müssen, desto mehr Angst wird benötigt, dieses Ziel zu erreichen."[9] Kurz gesagt: Je strukturierter und konsequenter die Erziehung in dem Alter ist, desto geringer die Angst, die das Kind entwickelt.

Aus dem Grund mögen Kinder dieses Alters Rituale und

brauchen sie auch. Das Wiederkehren immer gleicher Abläufe gibt ihnen Sicherheit. Das ewig gleiche Weck-Ritual und die unverändert gleiche Geschichte vor dem Zubettgehen helfen ihnen genauso wie das Willkommens- und Schlusslied in der Kindergruppe oder das Klatschspiel beim Abschied im Kindergarten. Sie mögen es, einen Rhythmus im Tageslauf zu haben und lieben Wiederholungen von Geschichten, Spielen, Witzen und Liedern – manchmal zum Leidwesen der anderen. Sie brauchen die bekannte Routine, um die ihnen noch unbekannte und neue Alltagsunsicherheit zu bewältigen.

> Je strukturierter und konsequenter die Erziehung in dem Alter ist, desto geringer die Angst, die das Kind entwickelt.

Gegen Ende der Vorschulphase entwickelt das Kind einen starken Sinn für Gerechtigkeit. Nachdem es seine Handlungen bisher nur an den elterlichen Maßstäben gemessen hat, erwacht nun sein Interesse dafür, was gesellschaftlich richtig und falsch ist. Dies führt nicht selten zu einer ausgeprägten Gesetzlichkeit. In seinen Augen gibt es nur richtig und falsch, schwarz oder weiß. Das Kind erschrickt, wenn es jemanden beobachtet, der sich über eine anerkannte Norm hinwegsetzt – besonders wenn Schlüsselpersonen in seinem Leben Dinge tun, die nicht mit dem übereinstimmen, was es als richtig erkannt hat.

„Papa, wie schnell fährst du? Darfst du so schnell fahren?", fragt die fünfjährige Friederike von der Rückbank aus. Sie hat mitbekommen, dass in der Stadt nur eine bestimmte Geschwindigkeit erlaubt ist. Seitdem ist sie sehr darauf bedacht, dass ihr Papa auch ja alles richtig macht.

Es ist das Alter, in dem Eltern sofort erinnert und zurechtgewiesen werden, wenn sie das Tempolimit überschreiten, die Ampel bei Rot überqueren oder das Auto im Parkverbot abstellen. Das Probieren einer Weintraube auf dem Markt kommt einem Diebstahl gleich und hat in den Augen des Kindes unweigerlich das Gefängnis zur Folge. Fünfjährige entwickeln ein großes Gespür für rechtes und unrechtes Tun. Als Mitarbeiter und als Eltern sollten wir uns hüten, ihr Gefühl für Rechtschaffenheit abzutun oder zu verletzten.

Kinder entwickeln in dem Alter eine Vorliebe für Geschichten. Sie lieben es, sich Geschichten vorlesen oder erzählen zu lassen. Geschichten entführen sie in andere Kulturen und Länder, in die Welt der Tiere oder Pflanzen, in die Zukunft oder Vergangenheit. In Geschichten geschehen Dinge, die in der realen Welt nicht möglich sind, die sich Kinder aber sehr wohl erträumen. Kinder sind so stark, dass sie Pferde hochheben können und Erwachsene besiegen, sie können fliegen oder haben Wünsche frei. Kinder erweitern in Geschichten ihr Wissen und beflügeln ihre Fantasie und Vorstellungskraft. „Geschichten sind *das* Medium, durch das Kinder in diesem Alter lernen."[10] Dabei vermischt das Kind sehr häufig das Gehörte mit dem Erlebten oder nur Eingebildeten.

> Kinder erweitern in ihren Geschichten ihr Wissen und beflügeln ihre Fantasie und Vorstellungskraft. „Geschichten sind das Medium, durch das Kinder in diesem Alter lernen."

Bei meinem damals fünfjährigen Sohn haben die vorgelesenen Asterix-Geschichten, das Erleben des Opernhauses und seine Vorliebe für Theateraufführungen zu kreativen Verquickungen geführt. Über Wochen plante er ein „Ägypten-Theater" im städtischen Opernhaus mit Pyramiden in Originalgröße samt vorbereiteten Eintrittskarten und Werbeplakaten. Es war nicht einfach, ihn von der Unmöglichkeit seines Vorhabens zu überzeugen und ihn zu kleineren Projekten zu bewegen.

„Das Verlangen nach Stimmigkeit und Gleichgewicht, nach Beruhigung der Unruhe, sich einen Reim auf die Welt zu machen, kann die widersprüchlichsten Dinge zueinander fügen."[11] Erst nach und nach kommt Ordnung in die Welt der Geschichten und Figuren.

Wie können wir mit diesem Wissen das Vorschulkind auf seinem Glaubensweg begleiten?

Viele Aspekte liegen sofort auf der Hand. Als Mitarbeiter in der Altersgruppe sollten wir die Freundlichkeiten und Geschenke der Kinder aufrichtig wertschätzen. Die Mitbringsel sollten dankbar angenommen und zumindest eine Zeitlang aufbewahrt, abgeheftet oder gar für alle sichtbar aufgehängt werden. In keinem Fall aber sollte das schenkende Kind sein „Werk" am Ende der Gruppenstunde im Papierkorb wiederfinden.

Das drei- bis fünfjährige Kind muss in seiner Gruppe ausreichend Spielanreize vorfinden. Dazu können beim Dreijährigen einfache Puzzles und Duplo-Bausteine o. Ä. dienen. Kurz vor dem Schulalter dagegen brauchen die Kinder weitergehende Anregungen.

In unserer Gemeinde beginnen die Drei- bis Fünfjährigen ihre Gruppenstunden mit einer „Spielstraße". Dabei werden bereits für die frühzeitig ankommenden Kinder mehrere Spiele-Stationen bereitgestellt. In liebevoll abgeteilten Bereichen können sie zum Beispiel Legostädte bauen, Feuerwehr- und Polizeieinsätze inszenieren, einfache Bastelarbeiten anfertigen oder zwischen Kissen und Decken einer Geschichte lauschen.

Durch solche „freien Angebote" ergeben sich die unterschiedlichsten Formen des Zusammenspiels. Dabei vollziehen sich zwanglos und leichtgängig eine Vielzahl von Reifungsprozessen. Beim anschließenden Thema schlüpfen Mitarbeiter und Kinder vielfach in andere Rollen, ausgestattet mit einfachen Requisiten.

Dem Beginn der Angst können wir auch in unseren Kindergruppen mit klaren Strukturen und immer wiederkehrenden Elementen begegnen. Das Namenslied am Anfang, der ritualisierte Abschied der Eltern, die Snackpause zwischendurch und das bekannte Spiel im Schlusskreis geben dem Kind wichtige Orientierungspunkte und schaffen Sicherheit.

Jede Frage jedes Kindes in jedem Alter verdient eine Antwort. Auch bin ich der Überzeugung, dass auf jede Frage eine dem Alter angemessene Antwort gegeben werden kann. Das bedeutet, sich als Mitarbeiter intensiv in die Person und Gedankenwelt des Vorschulkindes hineinzuversetzen. Gerade der Frage nach dem „Woher komme ich?" sollte nicht ausgewichen werden. Sie bietet die Chance, einfache, dem Alter entsprechende Grundlagen über Mann und Frau weiterzugeben. Eine Gelegenheit, die wir viel zu wenig nutzen, weil wir die Beantwortung in einem späteren Alter ansiedeln. Da die Folgegruppen ihrerseits allerdings dasselbe tun, überlassen wir ein wichtiges Feld den gesellschaftlichen „Aufklärern". In der Natur der „Warum-Frage" liegt es, dass sie nur bis zu einem gewissen Punkt gestellt werden kann. Hinter dem letzten „Warum?" kann durchaus die Antwort stehen: „Weil Gott es so gemacht hat." Letztlich ist die Frage nach dem „Warum?" die Frage nach der Ursache, dem Urheber und dem Schöpfer.

> Jede Frage jedes Kindes in jedem Alter verdient eine Antwort.

Im Ansatz können und sollten bereits in dem Alter die kindgemäßen Grundlagen zu den wichtigsten Fragen des Menschseins behandelt werden.

Auf einer Fortbildung hörte ich diesen kühnen Gedanken zum ersten Mal. Die philosophischen Grundfragen der Menschheit, Fragen, die der Philosoph Immanuel Kant zusammengefasst hat, ließen sich schon im Ansatz mit Vorschulkindern thematisieren: „Was ist der Mensch? Was kann ich wissen? Was soll ich tun? Was darf ich hoffen?"[12] *Erst als ich in der Folge die Fragen für mich übersetzte, leuchtete mir der Gedanke ein.*

Woher komme ich?	Ich bin von Gott geschaffen, gewollt und geliebt. Ich bin kein Zufall oder Unfall.
Woher weiß ich, was wahr ist? Was prägt mich?	Gottes Wort ist das wichtigste Wort der Welt und ist eine verlässliche Grundlage.
Was hat Wert und Sinn?	Gott hat sich etwas mit mir gedacht. Er hat einen Plan für mein Leben.
Wohin gehe ich, was erwartet mich?	Jesus wird einmal wiederkommen. Dann werden alle seine Freunde für immer bei ihm sein.

Seit einigen Jahren bin ich überzeugt: Dieses Alter ist genau richtig, um Themen wie die Erschaffung der Welt zu behandeln. Auch die Erschaffung des Menschen, das Werden des Kindes selbst und das Thema „Familie" gehören dazu.

Das Kind dieser Entwicklungsstufe kann Gott als Urheber aller Dinge und als seinen persönlichen Schöpfer begreifen und verinnerlichen. Die bereits erwähnte Wissbegier dieser Altersstufe öffnet die Tür für das Wort Gottes. Biblische Geschichten, Personen und Begebenheiten werden bereitwillig und mit großer Anteilnahme aufgenommen. Als Mitarbeiter sollten wir diese Phase nutzen, dem Kind auf vielfältige Weise die Bibel nahezubringen. Im Mittelpunkt sollten dabei sowohl Geschichten stehen, die die Liebe Jesu zu den Menschen illustrieren, als auch Geschichten von Menschen und ihren Beziehungen zueinander. Eine positive Einstellung zum Wort Gottes und dessen Kenntnis ist ein Schatz, der das Kind auf seinem Lebensweg durchgängig bereichert. Auch die Zukunft darf hier bereits eine Rolle spielen. Gott hat mit mir eine Absicht. Er möchte das, was er bei meiner Erschaffung in mich hineingelegt hat, zur Entfaltung bringen – vielleicht als Handwerker, Tänzerin oder Forscher. Das Wissen darüber gibt meinem Leben Wert und Sinn. Auch brauche ich keine Angst vor der Zukunft und dem Tod zu haben. Am Ende erwartet mich Jesus.

Zu den philosophischen Grundfragen des Lebens, die eine Vielzahl von Erwachsenen Jahrzehnte ruhelos umtreiben, können wir bereits dem Vorschulkind tiefe Gewissheiten mit auf den Weg geben.

Wie wir bei unseren Betrachtungen gesehen haben, ist das Vorschulkind besonders zugewandt. Es ist teilnahmsvoll und hilfsbereit zu Vater und Mutter und entdeckt den Spielkameraden und Freund. Die Gefühls- und Beziehungsebene bekommt einen hohen Stellenwert. Wenn wir die Beziehungsbegriffe aufnehmen und von Gott als Vater sprechen, kann das drei- bis fünfjährige Kind das verstehen. Gott, der seine Kinder wie ein Vater versorgt, der ihnen Schutz gibt, der stark ist und sich Zeit nimmt – all das sind Aussagen, mit denen es nun etwas anfangen kann.

Allerdings ist das Bild des Vaters nur bedingt anwendbar. Wie soll ein Kind, das nur bei seiner Mutter groß geworden ist, an einen Gott glauben, der mit „Vater" angeredet wird und angeblich immer für uns da sein soll? Was ist, wenn das Bild des Vaters anderweitig schwer belastet ist? Hier kann es helfen, Jesus als Freund vorzustellen. Ein Freund ist jemand, dem man etwas erzählen kann, der zuhört, der einem hilft und bei einem ist. Freundschaft ist dem Kind nun wichtig, damit kann es etwas verbinden.

> Kinder im Vorschulalter haben keine Schwierigkeiten damit, an Gott zu glauben. Wenn wir sie in diesem Alter entsprechend anleiten, sind sie ernst zu nehmende und glaubensvolle Beter.

„Es macht überhaupt nichts, wenn unsere Botschaft noch wenig von Jesus Christus als Retter und Erlöser enthält … Auf dieser Entwicklungsstufe ist das Vertrauen am wichtigsten, nicht das Fürwahrhalten von Lehren."[13]

Kinder im Vorschulalter haben keine Schwierigkeiten damit, an Gott zu glauben. Wenn wir sie in diesem Alter entsprechend anleiten, sind sie ernst zu nehmende und glaubensvolle Beter. Sie haben gehört, dass Gott tut, was er sagt, darum erwarten sie, dass er antwortet. Der Glaubensmut eines fünfjährigen Kindes übertrifft den von uns Erwachsenen weit und mir scheint, Gott antwortet besonders gerne darauf.

Nicht anders als bei den vorigen Stufen sind Liebe und Annahme auch hier von hoher Bedeutung. Ein Kind, das zuverlässige und liebevolle Beziehungen zu Mitarbeitern und Eltern erlebt, wird eher bereit und fähig sein, sich eines Tages ganz Gott anzuvertrauen. Bridger machte eine paradoxe Beobachtung: Kinder aus nicht-christlichen Familien, in denen Liebe und Geborgenheit herrschen, finden oft mühelos den Weg zu einem tragfähigen Glauben an Jesus, wenn sie das Evangelium hören. Als Ursache nimmt er an, dass sie von Geburt an erlebt haben, was es heißt, geliebt zu werden und vertrauen zu können. Auf der anderen Seite haben Kinder, die Ablehnung erfahren, auch wenn sie in sogenannten traditionell „christlichen" Elternhäusern aufwachsen, unter Umständen große Schwierigkeiten, in eine tiefe Glaubensbeziehung einzutreten bzw. sie aufrechtzuerhalten. Sie kennen zwar den lehrmäßigen Inhalt des Glaubens, haben aber nicht die menschliche Liebe erfahren, die für Gottes Liebe aufnahmefähig macht.[14]

Die Vorschulphase ist von größter Wichtigkeit in der Entwicklung eines Menschen. Für viele spätere Prozesse werden hier die Grundlagen gelegt. Ein Großteil unseres Wissens wird in diesem Alter erworben und zahlreiche Facetten unserer Persönlichkeit werden angelegt.

EXKURS: Geschichten erzählen

Das Vorschulkind hat eine große Vorliebe für Geschichten. Christliche Inhalte lassen sich in diesem Alter am allerbesten in Form von Erzählungen und Geschichten, illustriert mit Bildern oder Figuren, vermitteln. Wir sollten viel mehr lehren, indem wir Geschichten erzählen und unsere Fähigkeiten diesbezüglich ausbauen. Allerdings gibt es einige Aspekte, die wir uns dabei bewusst machen sollten:

Das Kind vermischt alle gehörten Geschichten noch stark und unterscheidet nicht zwischen Märchen und biblischen Geschichten. Es ist im Vorschulalter nicht in der Lage, diese Kategorien auseinanderzuhalten. Alle Informationen, die es bekommt, werden miteinander kombiniert, um mögliche Zusammenhänge herzustellen. Jesus, Gott und die Märchengestalten gehören zu ein und derselben Welt.

„Micha wusste nicht mehr genau, ob die schlauen Schweinchen nun in der Essigflasche wohnten, ob Rotkäppchen von der bösen Hexe gefressen worden war oder Schneewittchen die sieben Geißlein verzaubert hatte. Und

wo wohnten Jesus und Gott? Ach ja, hinter den Bergen bei den sieben Zwergen – oder nicht?“ … „Papa war doch im Himmel gewesen, als er mit dem Flugzeug Tante Jane in Amerika besucht hatte! War er unterwegs Jesus begegnet? Musste er ja wohl. Aber Papa hatte nie etwas davon erzählt.“[15]

Das Kind vermischt nicht nur Märchen und biblische Geschichten. Es interpretiert auch alles, was es hört, im Sinne seiner Erfahrungen und kombiniert es mit dem, was es bereits weiß oder man ihm beigebracht hat. Dabei kommt es zu erstaunlichen Verknüpfungen. Hier der Dialog einer Fünfjährigen, die ihrer Mutter beim Kochen zuschaut und fragt, was Gott denn mittags esse.

Mama: Gott isst kein Mittagessen.
Kind: Wenn er kein Mittagessen isst, kriegt er dann zum Abendessen ein Ei?

> Mama: (überlegt, wie sie es erklären soll) Also, Gott isst auch kein Abendessen. Er braucht nichts zu essen, weil er keinen Körper hat.
>
> Kind: (denkt einen Augenblick angestrengt nach) Aha! Jetzt weiß ich's. Seine Beine sind direkt am Hals angewachsen![16]

Daher ist es wichtig, darauf zu achten, in welchen Bildern und Vergleichen wir von Gott sprechen. Das Kind macht sich davon unmittelbar ein „Gottesbild", das auf seinen eigenen Erfahrungen mit seiner Umwelt beruht.

Laut Bridger löst das Erzählen von Wundergeschichten auf dieser Entwicklungsstufe unweigerlich Missverständnisse aus. „Weil die Kinder noch nicht zwischen Magie und Wundern unterscheiden können, werfen sie wahrscheinlich beides in einen Topf, und Jesus wird zu einer Art Zauberer."[17] „Ein Kind, dessen Eltern an Wunder glauben und dem Kind den Unterschied zwischen Zauberei und Gottes Macht erklären können, wird die biblischen Wunder mit großer Wahrscheinlichkeit viel besser einordnen können als ein Kind, dessen Eltern nicht an Wunder glauben oder selbst nicht über die magische Stufe hinausgekommen sind."[18] Wundergeschichten sollten demnach beim Grundschulkind sehr bewusst und überlegt erzählt werden. Andernfalls werden die Geschichten leicht in die Kategorie „Märchen" eingeordnet und vom älteren Kind als „Kinderkram" über Bord geworfen.

Vorschulkinder haben ein „magisches Denken" oder ihr Denken befindet sich auf der „magischen Stufe". Eine Stufe, die mitunter

> Das Kind vermischt alle gehörten Geschichten noch stark und unterscheidet nicht zwischen Märchen und biblischen Geschichten. Es ist im Vorschulalter nicht in der Lage, die Kategorien auseinanderzuhalten. Alle Informationen, die es bekommt, werden miteinander kombiniert, um mögliche Zusammenhänge herzustellen.

weit in die nächsten Entwicklungsphasen hineinreicht. Mit diesen Begrifflichkeiten ist Folgendes gemeint: Sie unterscheiden nicht zwischen belebten und unbelebten Dingen. Puppen sind für Kinder Wesen, denen Charaktereigenschaften und Handlungen zugeschrieben werden. Aber auch Gegenstände werden „belebt" und Dinge „vermenschlicht". Den Tisch, an dem sie sich gestoßen haben, erleben sie als „böse". Die Lok macht „huut-huut" und signalisiert damit, dass sie Hunger hat. Dabei wird sie vom Kind „vorgeschickt", um letztlich das eigene Bedürfnis anzuzeigen.

Mit meinem etwa dreijährigen Sohn machten wir einen Abendspaziergang. Er hatte jüngst das „Hüpfen" als besonders lustvoll entdeckt. Voller Begeisterung darüber wandte er sich zum Abendhimmel und sagte zum hell leuchtenden Mond: „Guck mal Mond. Ich springe!"

Das Wissen um die Denkvorgänge beim Kind kann uns helfen, mit Geschichten, Vergleichen und Bildern bewusster umzugehen und sie gezielter einzusetzen.

Das Grundschulkind (6–9 Jahre)

Mit dem Schuleintritt fängt ein neuer Abschnitt an. Das Grundschulkind ist nun immer längere Zeit von zu Hause weg und vergrößert seinen Aktionsradius. Es lernt mehr und mehr die Welt außerhalb der Familie kennen und erschließt sich neue Umfelder, Personenkreise und Handlungsräume.

Kinder dieses Alters wollen viele Dinge ausprobieren und kennenlernen. Sie haben verschiedene Hobbys und Interessen. Sie gehen zum Sport und Musikunterricht und haben in der Regel einen stramm gefüllten Terminkalender. Oftmals neigen Eltern und Mitarbeiter dazu, Kinder in dieser Lebensphase als „sprunghaft" und „unverbindlich" anzusehen; als nicht dazu fähig, längere Zeit bei einer Sache zu bleiben. Doch diese Zeit ist geradezu dafür da, herauszufinden, wo die eigenen Begabungen und Fähigkeiten liegen. Das Kind muss entdecken dürfen, worin es besonders geschickt ist und welche Tätigkeiten ihm nicht so liegen. Zwischen sechs und neun Jahren geschieht bereits manche zukunftsweisende Weichenstellung. Darum sollten wir sprunghafte Tendenzen nicht als Unfähigkeit zur Ausdauer einstufen. Wichtiger ist es, dem Grundschulkind zu ermöglichen, dass es seine Tätigkeiten nach einer

> Diese Zeit ist geradezu dafür da, herauszufinden, wo die eigenen Begabungen und Fähigkeiten liegen. Das Kind muss entdecken dürfen, worin es besonders geschickt ist und welche Tätigkeiten ihm nicht so liegen.

gewissen Zeitspanne wechseln darf, ohne sich verantwortungslos zu fühlen. Wir sollten dem Kind helfen, indem wir seine Aktivitäten für eine begrenzte Zeit verbindlich machen und sie dann zu einem angemessenen und guten Abschluss bringen. Selbst uns Erwachsenen fallen – wenn wir ehrlich sind – schnell zwei oder drei Sportarten oder Instrumente ein, die wir in diesem Alter begonnen, abgebrochen und neu aufgenommen haben.

Es ist das Alter des Wettstreits. Das sechs- bis neunjährige Kind liebt es, sich mit anderen zu messen. Alles, was mit Wettbewerben und Wettkämpfen, mit Quiz und Parcours, Preisen und Urkunden zu tun hat, übt eine große Anziehungskraft aus. Jungen behaupten sich zusätzlich mit Kämpfen. Jeder Mitarbeiter einer Jungschar- oder Pfadfindergruppe dieses Alters kann das bestätigen. Im Wettstreit und Kampf drückt sich eine Rivalität aus, die gesund und dem Alter angemessen ist. Das Kind erkundet damit seine Leistungsfähigkeit und lernt, sich einzuschätzen.

Eng damit verbunden ist ein überaus starkes Gerechtigkeitsempfinden. Sowohl Spielregeln als auch Verhaltensregeln in Gruppe und Familie werden aufs Genaueste beobachtet. Behandeln Eltern oder Mitarbeiter die Altersgenossen eines Kindes unterschiedlich, wird es das mit Vorliebe „aufpieken". Der am meisten verwendete Ausruf dieser Altersstufe ist: "Das ist ungerecht!"

Ich kann nicht mehr sagen, um was es im Einzelnen ging. In jedem Fall war der Auslöser eine angebliche Ungleichbehandlung. Mein siebenjähriger Sohn fühlte sich im Vergleich zu seiner dreijährigen Schwester massiv ungerecht beurteilt. Selbst unsere Hinweise auf ihr unterschiedliches Alter konnten ihn nicht beschwichtigen. Ich sehe noch heute vor meinen Augen, wie er die ganze Kraft eines Siebenjährigen in seine Worte legte: „Ihr habt euch ja nur Kinder angeschafft, damit ihr ungerecht sein könnt!"

Grundschulkinder haben eine Vorliebe für eklige Sachen. Alles, was irgendwie schleimig, schmierig oder klebrig ist, übt eine große Anziehungskraft auf sie aus. Nicht ohne Grund produziert die Spielzeugindustrie schleimig-zähe Flüssigkeiten, glibberige Augen oder glitschige Monsterköpfe. Die Zielgruppe dafür findet sie bei den Sechs- bis Neunjährigen. Offensichtlich haben Grundschulkinder Gefallen daran, bei anderen schockierende Reaktionen hervorzurufen. Aber sie genießen auch das Erlebnis, mit Händen zu fühlen, und erforschen mit Eifer die Beschaffenheit und das Verhalten der jeweiligen Masse.

Ich habe mich oft gefragt, warum Jesus den Blindgeborenen in Johannes 9,6 mit einem Brei aus Speichel und Erde geheilt hat. Vor einiger Zeit hörte ich einen kühnen Erklärungsversuch: Auch Jesus war einmal acht oder neun Jahre und hatte von daher viel Verständnis für Kinder in dieser Altersstufe. Möglicherweise hat er ein paar solcher Kinder zu sich gerufen und ihnen zuliebe den Blinden auf diese Weise geheilt. Da steht also Jesus, spuckt auf die Erde und macht einen matschigen Brei daraus. Dann streicht er dieses eklige Gemisch auf die Augen des Blinden. Der achtjährige Junge denkt: „Wow, cooool!" (während der Blinde sich fragt, ob er wirklich sehend werden will). – Eine unbelegte und humorige Hypothese, die immerhin eine Erklärung beinhaltet …

Interessant ist die Veränderung im Bereich der Gefühle. Während das Vorschulkind noch voller Anteilnahme und Mitgefühl gewesen ist, nehmen die Gefühle ab dem sechsten oder siebten Lebensjahr nach und nach ab. Sie treten allmählich in den Hintergrund und sind mit zehn oder elf Jahren nur noch latent vorhanden. Diesen Vorgang hat Sigmund Freud in seinen Ausführungen zur psychosexuellen Entwicklung beschrieben. Bei ihm ist der Zeitabschnitt zwischen dem siebten und etwa elften Lebensjahr mit „Latenzzeit" benannt. Erst mit Beginn der Pubertät brechen die Gefühle in ihrer ganzen Kraft wieder auf. Die folgende Grafik mag dies veranschaulichen:

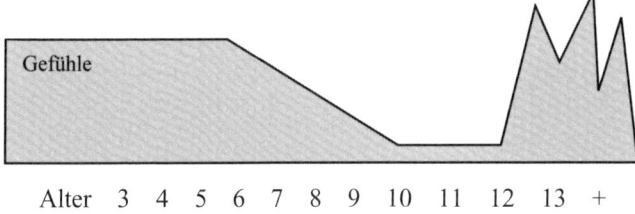

Gefühle

Alter   3   4   5   6   7   8   9   10   11   12   13   +

Versuchen Sie einmal, mit einem zehnjährigen Jungen zu kuscheln. Während dies mit vier oder fünf Jahren noch ohne Weiteres möglich war, wird dasselbe Kind nun merkwürdig sperrig. Es ist ungeduldig und will lieber der nächsten Aktivität nachjagen, als sich seinen (nicht vorherrschenden) Gefühlen hinzugeben. Höchstens abends sind noch Ausnahmen möglich. Die körperliche Nähe gibt ihm längst nicht mehr die gleich Befriedigung wie noch vor ein paar Jahren. Im Vordergrund stehen nun nicht mehr die Gefühle, sondern die Aktion. Es ist eine hochaktive Phase, die wesentlich vom Handeln bestimmt ist. Kinder auf dieser Entwicklungsstufe mögen es, etwas zu tun und zu leisten. Sie lassen sich gerne anspornen, wollen trainieren, sich verbessern und Lösungen finden. Das Hauptgewicht liegt auf Aktivitäten und Handlungen. Gefühle sind weit weniger wichtig und werden wenig beachtet.

Während der Grundschulzeit – spätestens aber gegen deren Ende – haben meine Kinder die innere Veränderung auch äußerlich signalisiert. Der automatische Griff nach der Hand des Vaters in der Öffentlichkeit blieb aus. Wenn für eine Straßenüberquerung die elterliche Hand auch noch in der Regel ergriffen wurde, so wurde sie doch mit Erreichen der anderen Straßenseite zunehmend abgeschüttelt.

> **Das Grundschulalter ist eine hochaktive Phase, die wesentlich vom Handeln bestimmt ist.**

38 Wenn es irgend geht, wollen Jungen in dieser Zeit mit Jungen und Mädchen mit Mädchen zusammen sein. Es ist die Phase der Geschlechtertrennung. Jungen sind doof und Mädchen sind zickig.

Seit ihrer Kleinkind-Phase hatten Noel und Tessa sich mehrfach wöchentlich gesehen. Durch die Nachbarschaft und Freundschaft ihrer Mütter war dazu reichlich Gelegenheit gewesen. Auch als Noels Eltern in einen anderen Stadtteil zogen und beide bereits in die Grundschule gingen, trafen sie sich in der einen Woche bei Noel, in der Woche darauf bei Tessa. Erst in letzter Zeit begehrt Noel dagegen auf. Er findet immer andere Gründe, warum er dieses Mal nicht zu Tessa will und seine Mutter hat immer mehr Schwierigkeiten, ihn zur Abfahrt zu bewegen. Nur widerstrebend willigt sie schließlich darin ein, die achtjährige Tradition zu beenden – wohl ahnend, dass nach ein paar Jahren Pause Noel und Tessa die alte Gewohnheit selbstständig wieder aufnehmen werden.

„Wir schließen das andere Geschlecht aus, damit wir uns mit dem eigenen Geschlecht besser identifizieren können. Wir tun es auch, damit wir unsere geschlechtsspezifischen Fähigkeiten besser entdecken und entwickeln können."[19]

Das Denken der Kinder in dieser Phase ist ein konkretes Denken. Es hat immer einen direkten Sach- oder Personenbezug und steht in Verbindung mit ihren alltäglichen und direkten Erfahrungen. Abstrakte Ideen und Begriffe können Kinder in dem Alter noch nicht erfassen. Erst wenn sie mit konkreten und ihnen vertrauten Situationen gekoppelt werden, sind ihnen abstrakte Themen wie beispielsweise Versöhnung oder Gerechtigkeit zugänglich. Das logische Denken erlebt einen Entwicklungsschub. Das Kind nimmt seine Welt nun in einer logischen, zeitlichen Abfolge wahr und nicht mehr als unverbundene Ereignisse. Der Schultag, der Nachmittag bei Freunden oder der gestrige Film wird in minutiöser und manchmal ermüdender Reihenfolge geschildert. Dieser Fortschritt im Denken führt auch dazu, dass die Kinder zu der Ursache der Ereignisse vordringen wollen. Sie lernen den Grundsatz von Ursache und Wirkung kennen.

Im Alter von acht und neun Jahren standen bei meinen Kindern und ihren Klassenkameraden zwei Themen hoch im Kurs: Forscherartikel und Detektivausrüstungen. Der achte und neunte Geburtstag wurde vielerorts mit Vorliebe als „Detektiv-Geburtstag" gefeiert. Gern gesehene Geschenke in diesen Jahren waren Becherlupe, Fernglas oder ein Wissensbuch. Ihre Umwelt zu erforschen und dem „Täter auf die Spur zu kommen" entsprach genau ihrer Entwicklungsstufe.

Es reicht Kindern in dem Alter nicht mehr, dass Gerätschaften einfach „funktionieren" und Dinge irgendwie „passieren". Sie wollen den Geschehnissen auf den Grund gehen und sie nachvollziehen können. Dafür zerlegen sie nicht selten Spielsachen und Haushaltsgeräte. So erforschen sie Gegenstände, Sachverhalte und ihre Umwelt.

Mit Beginn der Schulzeit ändert sich das Gruppenverhalten. Im Kindergarten war das Kind zwar Teil einer Gruppe, spielte auch mit anderen gemeinsam, agierte aber letztlich für sich allein. Die Gruppenaktivitäten hatten noch nicht den Charakter, dass einer den anderen unterstützte, um ein gemeinsames Ziel zu erreichen. Das verändert sich nun nach und nach. Es entsteht so etwas wie eine Gruppensolidarität und ein Mannschaftsgeist. In den Schulpausen formieren sich Mannschaften, die solidarisch Siege und Niederlagen erringen. Gegen Ende der Grundschulzeit wird der Klasse gegenüber zunehmend Loyalität bewiesen, wenn es darum geht, sich in Bezug auf Parallelklassen oder Lehrer zu verbünden.

Etwas anderes kommt in dieser Altersphase hinzu. Die Kinder fangen an Schuldgefühle[20] zu haben. Bislang haben sie noch recht instinktiv gehandelt und sich so ihre Welt erobert. Mit Beginn des Schulalters schiebt das Kind seine Grenzen weiter hinaus. Es sagt jetzt bewusst „Nein" und beginnt ungehorsam zu sein, um so seine Identität zu entwickeln. Das Kind probiert aus zu fluchen, zu lügen und weiß, dass solche Dinge von den Eltern nicht toleriert werden. In den Augen des Vorschulkindes haben bisher ausschließlich die Eltern bestimmt, was recht und was unrecht ist. Der Begriff „Sünde" bedeutete allenfalls, den Eltern nicht zu gehorchen. Im Laufe des Schulalters aber nimmt das Bewusstsein über Sünde als ein Vergehen gegenüber Gott zu. Das Kind erkennt, dass Gott eine von den Eltern zu unterscheidende Person ist. Und dass dieser Gott Maßstäbe für Recht und Unrecht aufgestellt hat, die auch für Erwachsene gelten.

Ein Zweijähriger im Einkaufswagen, der sich im Supermarkt ein Überraschungsei aus dem Regal nimmt und in den Mund steckt, ist sich seiner Handlung gar nicht bewusst. Ein vierjähriges Kind weiß genau, dass es seinen Eltern nicht gehorcht, wenn es so etwas tut. Aber der Neun- oder gar Elfjährige, der das Gleiche macht, weil er sein Taschengeld sparen will, tut etwas völlig anderes. Niemandem würde einfallen, diese Dinge auf ein und dieselbe Stufe zu stellen.[21]

Wie können wir das Grundschulkind auf seinem Glaubensweg begleiten?

Das Grundschulkind braucht genug Anregungen, um sich auszuprobieren und seine Fähigkeiten und Möglichkeiten zu erproben. Ein immer gleichförmiges Kinderprogramm bietet dafür wenig Raum. Besser geeignet sind Projektformen, in denen das Kind für eine bestimmte Zeit verbindlich an einer Tätigkeit teilnimmt, sie abschließt und wieder eine neue Möglichkeit zur Erprobung erhält.

Der Kindergottesdienst unserer Gemeinde ist im Grundschulbereich seit einigen Jahren projektorientiert. Nach einem etwa 30- bis 40-minütigen thematischen Teil mit Liedern und Anspielen wechseln die Kinder in Projektgruppen von Drachenbauen oder Töpfern über Judo- oder Fußballtraining bis zu Foto-, Chor- oder Theaterprojekten. Die Kinder wählen am Anfang eines Quartals „ihr" Projekt aus fünf Angeboten aus und sind bis zum Rest des Quartals verbindlich dabei. Mit einer abschließenden Projektvorstellung vor den Oster-, Sommer-, Herbst- oder Winterferien wird die jeweilige Projektphase beendet.

Diese Form kommt neben der Möglichkeit, seine Begabungen in einem verbindlichen Zeitrahmen zu entdecken, auch dem Bedürfnis nach Aktivität entgegen. Neue Dinge entdecken, aktiv handeln, trainieren, proben, sich verbessern: dazu sollte innerhalb der Kindergruppen in der Gemeinde viel Gelegenheit sein.

Die inhaltlich-lehrhaften Elemente sollten ganz auf das Handeln des Grundschulkindes abgestimmt werden. Es ist hinlänglich bekannt, dass der Mensch nur etwa zehn Prozent von dem aufnimmt, was er hört, aber 90 Prozent von dem, was er tut. Für das Grundschulkind gilt das im besonderen Maße. Es lernt vor allem durch das Handeln. John Westerhoff spricht vom Zeitabschnitt des „erlebten Glaubens"[22]. In der Phase des Ausprobierens und Kennenlernens muss alles, was das Kind gedanklich irgendwie erreichen soll, mit Handlungen und Erlebnissen verknüpft werden.

Ich erinnere mich noch gut an einen Jahresabschlussgottesdienst in unserer Gemeinde. Ich war neun Jahre alt und hatte mit meinem elfjährigen Bruder auf der rückwärtigen Empore Platz genommen. Wie jedes Jahr muss der große Weihnachtsbaum hell erleuchtet gewesen sein. Wie jedes Jahr müssen die Kerzen auf dem Adventskranz gebrannt haben. Draußen muss es dunkel und kalt gewesen sein – drinnen dagegen wohlig warm mit stimmungsvollem Licht und dem Geruch von Tannennadeln. Der Pastor hat sicher auf das vergangene Jahr zurückgeschaut und uns in weihevollen Worten auf das Bevorstehende eingestimmt. – Mich und meinen Bruder hat diese gefühlsgeladene Atmosphäre nicht im Geringsten erreicht. Wir waren damit beschäftigt, mit unseren neuen Taschenmessern unsere Initialen in die Rückwand hinter uns zu ritzen. Kein leichtes Unterfangen während eines Gottesdienstes. Immer, wenn mein Bruder „bei der Arbeit war", schirmte ich ihn mit meinem Körper vor störenden Blicken ab und umgekehrt. Als der Segen gesprochen wurde, hatten wir unsere Arbeit erfolgreich vollendet. An mehr kann ich mich nicht mehr erinnern …

Alles Lernen muss Aktivität einschließen. Wenn die Handlung ausbleibt, sucht sich das Kind eine andere Beschäftigung: Mädchen flechten sich gegenseitig Zöpfe, Jungen zählen die Fenster oder Lampen im Gottesdienstraum, jemand anderes ribbelt den Teppich auf nur um irgendetwas zu tun. Wer sich ein wenig erinnert, dem fallen mit großer Wahrscheinlichkeit ähnliche Tätigkeiten aus seiner Kindheit ein. Wenn wir mit dieser Altersgruppe Lieder singen oder Lobpreiszeiten durchführen wollen, dann müssen die Kinder durch Bewegungen, Rhythmusinstrumente oder andere Aktionen beteiligt werden. Wenn wir Gebetszeiten wollen, dann Gebet, bei dem wir die Kinder aktiv beteiligen. Wenn Lehre, dann praktische Lehre verbunden mit Anschauungen und Handlungen. Wo dies geschieht, können sich Grundschulkinder ernsthaft und voll auf das Thema, den Lobpreis oder das Gebet konzentrieren und sich Jesus hingeben. Aber wundern wir uns nicht: Im nächsten Augenblick schalten sie wieder um und gehen einer anderen Aktivität nach.

Lange Jahre hat mich das unvermittelte Umschalten irritiert. Wir hatten auf unseren Kinderfreizeiten gerade eine intensive Zeit des Betens, in der viele Kinder neue oder erste Schritte des Glaubens gegangen waren. Zwei Minuten später rasten alle durch die Gänge, spielten Fangen oder Fußball, als ob nichts gewesen wäre. Erst Jahre später höre ich von den inzwischen herangewachsenen Jugendlichen oder jungen Erwachsenen, dass sie an jenem Vormittag bei genau jener Freizeit einen für sie ganz entscheidenden Schritt der Hingabe an Jesus vollzogen hatten.

Thematisch lassen sich hier wunderbar die biblischen Helden und andere Personen (Daniel, Gideon, David, Mose usw.) ansiedeln. Die Lebensbilder von aktiv handelnden Menschen sprechen das Grundschulkind besonders an. Abstraktere Inhalte wie beispielsweise Psalm 23, die Seligpreisungen oder das Vaterunser funktionieren nur, wenn es gelingt, einen direkten und konkreten Bezug zu den alltäglichen Erfahrungen des Kindes herzustellen. Das bedeutet gute Vorbereitung und den Einsatz kreativer Mittel.

Weil sich beim Schulkind ein verändertes Bewusstsein für Schuld entwickelt, können wir hier erstmals Jesus als Retter und Erlöser vorstellen; als den, der Schuld vergibt. Das Kind weiß nun, dass es Dinge macht, die nicht in Ordnung sind. Es kann Jesus als denjenigen verstehen, der das vor Gott wieder in Ordnung bringt. Auch dann, wenn es Jesus auf einer früheren Entwicklungsstufe schon als Freund angenommen hat. Es antwortet Gott nun auf der Stufe, auf der es jetzt steht.

Die eingangs erwähnte achtjährige Louisa hat das begriffen und Jesus um Entschuldigung für ihre Lüge gebeten. Als ich sie Wochen später darauf anspreche, wie denn ihre Mutter reagiert habe, als sie sich auch bei ihr entschuldigt hat, sagt sie freudestrahlend und erleichtert: „Sie hat gesagt, das macht nichts!" Louisa hat nicht nur Vergebung durch Jesus erfahren, sondern gemerkt, dass es ihre Aufgabe ist, sich um die Wiedergutmachung bei den betroffenen Menschen zu bemühen.

> Weil sich beim Schulkind ein verändertes Bewusstsein für Schuld entwickelt, können wir hier erstmals Jesus als Retter und Erlöser vorstellen; als den, der Schuld vergibt. Das Kind weiß nun, dass es Dinge macht, die nicht in Ordnung sind. Es kann Jesus als denjenigen verstehen, der das vor Gott wieder in Ordnung bringt.

Vorsicht ist geboten, wenn wir bei der Vermittlung von geistlichen Dingen bildhafte und symbolische Redeweisen gebrauchen. Dies geschieht wesentlich öfter, als wir im ersten Augenblick annehmen. Aufgrund der konkreten Denkweise und des buchstäblichen Verständnisses können Formulierungen wie

„Nimm Jesus in dein Herz auf!" oder: „Schmeck und sieh, wie gut der Herr ist" (Psalm 34,9) leicht missverstanden werden. Das Kind verbindet alle Dinge mit seinen bisherigen Kenntnissen und Erfahrungen. Da es weiß, wo sein Herz ist, muss es damit das Aufschneiden seiner Brust assoziieren oder hat ein leicht kannibalistisches Verständnis von Psalm 34,9. Wir sollten unsere Aufmerksamkeit für bestimmte geistliche Begrifflichkeiten schärfen und uns die Mühe machen, sie mindestens mit Weisheit zu verwenden, besser aber neu und konkret zu formulieren. Das hilft meist auch uns Erwachsenen zu einem frischeren und tieferen Verständnis. Der abstrakte Begriff Sünde ist für ein Grundschulkind viel leichter fassbar, wenn er als „etwas falsch machen" oder die „Freundschaft mit Gott brechen" bezeichnet wird. Beziehungsbegriffe helfen meist bei der Erläuterung des Evangeliums.

In den letzten Wochen sind gleich mehrere kleine Missverständnisse aus frühen Kindertagen bei uns zur Sprache gekommen. Mein Sohn eröffnete uns, dass ihm als Kind unwohl war, zu Taufgottesdiensten zu gehen. Er verstand den Begriff Täufling so, wie er gesprochen wird, nämlich als „Teufling". Meine Tochter hat wie viele ihrer Altersgenossen versucht, Unbekanntes in der Weihnachtsgeschichte im Rahmen ihrer Alltagserfahrungen zu interpretieren. Jahrelang lebte sie mit der Vorstellung, dass der dritte der Heiligen Könige Jesus eine „Möhre" brachte.

Dem Bedürfnis nach Geschlechtertrennung sollten wir begegnen, indem wir Aktivitäten nur für Jungen und nur für Mädchen anbieten. Dies können Ausnahmen von einer normalerweise gemischten Gruppenstunde sein oder kontinuierliche getrennte Angebote. Wichtig ist, dass im Grundschulalter gerade für Jungen genug männliche Bezugspersonen und Vorbilder zur Verfügung stehen. Die vielfache Klage über den „Männermangel" hat in Kindergärten und Schulen noch nicht wirklich zu einer spürbaren Veränderung geführt. In den Gemeinden sollten wir uns aktiv bemühen, diesem Notstand entgegenzuwirken. Vielerorts decken Jungscharen, Ranger- oder Pfadfindergruppen die altersspezifischen Angebote ab. Bei Wettbewerben und Kämpfen, bei Sonnenschein und Nässe, am Lagerfeuer und im Matsch werden viele der Bedürfnisse des sechs- bis neunjährigen Kindes befriedigt.

Auch in der Gemeinde sollte das Kind eine solidarische Gruppengemeinschaft erleben. Dazu sind Freizeiten, Ausflüge, Probenwochenenden und Übernachtungsaktionen unerlässlich. Das gemeinsame Erleben, die Erinnerung an bewältigte Schwierigkeiten und besondere Momente schweißen zusammen und fördern die Identifikation mit der Gruppe. Freizeiterfahrungen sind und bleiben etwas Besonderes. Auch durch keine noch so liebevoll gestaltete Gruppenstunde lässt sich das Geschehen einer Freizeit ersetzen. Dort ergeben sich Prozesse, die in ihrer Einmaligkeit auch noch Jahre später nachwirken.

In dem Hausflur, der zu den Gruppenräumen unserer Gemeinde führt, haben wir eine große Wand. Auf der Fläche haben sich unsere Kinder- und Jugendgruppen verewigt. Gruppenfotos von Freizeiten, Tourneen und Auslandsfahrten der letzten 10 bis 15 Jahre dokumentieren gemeinsame Erfahrungen und die Entwicklung der Teilnehmer. Immer wieder stehen Kinder, Jugendliche und junge Erwachsene vor dieser Wand und reflektieren ihre persönlichen Erlebnisse und gemeinsame Geschichte.

Das Grundschulkind tritt mehr und mehr heraus aus den Grenzen der Familie, hinein in eine Welt, in der Lehrer und Klassenkameraden eine immer größere Rolle spielen. Dabei strömen auf das Kind eine Vielzahl von neuen Meinungen und Anschauungen ein. Bisher waren die Vorgaben und Werte der Eltern maßgebend. Sie schienen allwissend zu sein, und was sie sagten, wurde als wahr angenommen. Nun bekommen Lehrer und Mitschüler vermehrt Autorität und vertreten nicht selten eine konträre Meinung. Entscheidend ist nun, inwieweit das Kind die Autorität und Weisheit der glaubenden Erwachsenen anerkennt. Dazu braucht es Vorbilder in Familie, Schule und Gemeinde. Die Bedeutung des Vorbildes wird sich in den kommenden Entwicklungsstufen noch verstärken.

> Das Grundschulkind tritt mehr und mehr heraus aus den Grenzen der Familie, hinein in eine Welt, in der Lehrer und Klassenkameraden eine immer größere Rolle spielen. Dabei strömen auf das Kind eine Vielzahl von neuen Meinungen und Anschauungen ein.

Exkurs: Süchten vorbeugen

Dies ist keine Abhandlung über Suchtprävention. Dennoch möchte ich hier einige Anmerkungen dazu einfügen.

Laut Fabiano sind Kinder eher suchtanfällig, wenn folgende Bedingungen auftreten:

- Wenn sie als Grundschulkind das Gefühl vermittelt bekommen, dass sie unzulänglich, zweitrangig oder hilflos sind, was ihre Fähigkeiten, Fertigkeiten und Begabungen betrifft.
- Wenn man ihnen nicht erlaubt oder sie nicht darin bestärkt, etwas selber zu tun.
- Wenn die Mutter vermehrt in das Tun des Kindes eingreift und Dinge an seiner Stelle erledigt.[23]

So wie das zweijährige Kind darin bestärkt werden musste, sich aus der Abhängigkeit zur Mutter zu lösen, muss auch das Grundschulkind lernen, Dinge selbst zu tun. Es hilft ihm nicht, wenn Mutter oder Vater ihm die widrigen Tätigkeiten des Alltags abnehmen. Im Gegenteil: Es führt das Kind in eine falsche Sicherheit und lässt es annehmen, den Herausforderungen des Lebens schon genügen zu können. Damit übt das Kind geradezu ein, weiter von anderen abhängig zu sein, statt zu lernen, sich mehr und mehr auf seine eigenen Fähigkeiten zu verlassen und unabhängig zu werden.

In der Lebensgeschichte Davids finden wir eine geistliche Parallele zu diesen Vorgängen: Der junge David weidet tagtäglich die Schafherde seines Vaters. Dort lernt er, mit seinen Fähigkeiten und der Hilfe Gottes den Alltagsgefahren eines Hirten zu trotzen. Als er später einer fast unüberwindlichen Herausforderung gegenübersteht, kann er aufgrund dieser Erfahrung sagen: „Der HERR, der mich aus den Klauen des Löwen und aus den Klauen des Bären errettet hat, der wird mich auch aus der Hand dieses Philisters erretten" (1 Samuel 17,37).

Wir dürfen unseren Kindern nicht die kleinen Löwen und Bären des Alltags aus dem Weg räumen. Die Niederlagen und Siege in diesen Kämpfen rüsten sie aus, um für die Riesen im Jugendalter gewappnet zu sein. Andernfalls werden sie in der Pubertät das tun, was sie schon kennen: Danach suchen, dass jemand anderes ihre Lebensaufgaben löst und sie vor schwierigen Situationen bewahrt. „Süchte setzen das Lebensmuster fort, sich auf etwas oder jemanden zu verlassen, der nicht sie selber sind.“[24]

Ein zweiter Aspekt erscheint mir wichtig: die allzu schnelle Bedürfnisbefriedigung. Wir Erwachsenen tendieren dazu, die Bedürfnisse des uns anvertrauten Kindes möglichst unmittelbar zu erfüllen. Dahinter steckt die Angst, das Kind könnte zu kurz kommen und emotionale Störungen davontragen. Was bei einem Säugling noch notwendig ist, kann bei einem Schulkind kontraproduktiv wirken. Es ist immer weniger gewohnt, Spannungen auszuhalten. Die wichtige Funktion des Wartens auf die begehrte Süßigkeit, auf das erbetene Geschenk oder die unverzichtbare Zwischenmahlzeit weicht immer mehr einer sofortigen Wunscherfüllung.

In den Sechzigerjahren wurde von dem Psychologen Walter Mischel der sogenannte Marshmallow-Test durchgeführt. Die Studie hatte zum Inhalt, vierjährige Kinder vor die Wahl zu stellen, entweder sofort einen Marshmallow zu bekommen oder aber nach ca. 15 bis 20 Minuten zusätzlich einen zweiten zu erhalten. Bei Nachuntersuchungen an den dann 18-jährigen Probanden stellte sich Folgendes heraus: Diejenigen, die als Kinder ihre Bedürfnisbefriedigung aufschieben konnten, waren besser in der Lage, ihr Leben zu bewältigen. Sie zeigten im Teenageralter eine stärkere Konzentration, planvolleren Umgang mit Aufgaben und bessere Noten bei Standardschultests. Stress, Versuchung und Frustration konnten sie nicht unterkriegen. Selbst mit Anfang 30

> Die Fähigkeit, kurzfristig auf etwas Verlockendes zu verzichten, ist von großer Bedeutung für das Erreichen langfristiger Ziele. Menschen, die gelernt haben zu warten, können besser mit Misserfolgen und Versuchungen umgehen und selbstbestimmter ihr Leben bewältigen.

zeigten sie immer noch eine größere Selbstbeherrschung als jene Personen, die sich als Kinder nicht zurückhalten konnten.[25]

Die Fähigkeit, kurzfristig auf etwas Verlockendes zu verzichten, ist von großer Bedeutung für das Erreichen langfristiger Ziele. Menschen, die gelernt haben zu warten, können besser mit Misserfolgen und Versuchungen umgehen und selbstbestimmter ihr Leben bewältigen.

50   Wer im Grundschulalter gelernt hat, auf seine eigenen Möglichkeiten und die Hilfe Gottes zu vertrauen (Löwe-Bär-Prinzip) und seine Bedürfnisse langfristigeren Zielen unterzuordnen, wird sein Leben bewältigen können, ohne in fremde Abhängigkeiten zu geraten.

Der Pre-Teen (10–11 Jahre)

In beinahe allen Büchern, die sich mit der Entwicklung von Kindern und Jugendlichen beschäftigen, werden die verschiedenen Lebensabschnitte in ein-, zwei- oder maximal vierjährige Phasen eingeteilt und differenziert beschrieben. Nur das Alter des sechs- bis zwölfjährigen Kindes wird als zusammenhängend betrachtet. Diese Sichtweise wird den spezifischen Gegebenheiten der Entwicklungsstufe der Zehn- und Elfjährigen nicht genügend gerecht. Wir wollen diese Phase gesondert betrachten. Die Bezeichnung „Pre-Teens" macht deutlich, worum es geht. Es handelt sich um Kinder, die sich unmittelbar vor der Pubertät und dem Teenageralter befinden.

In der Tat können wir die Mehrzahl der beim Grundschulkind begonnenen Entwicklungen beim zehn- oder elfjährigen Kind fortschreiben. Die Dinge, die das acht- oder neunjährige Kind bereits ausmachen, treten beim Pre-Teen nur noch deutlicher hervor. Dennoch entsteht in diesem Alter eine einmalige Konstellation, die eine gesonderte Behandlung rechtfertigt.

Betrachten wir noch einmal die Entwicklung der Gefühle beim heranwachsenden Kind. Ihre Bedeutung nimmt während des Grundschulalters stetig ab und wird im Alter von etwa zehn Jahren bis zum Einsatz der Pubertät kaum noch wahrgenommen (Latenzzeit). Die Gefühle sind überdeckt vom Tun und Handeln des Kindes.

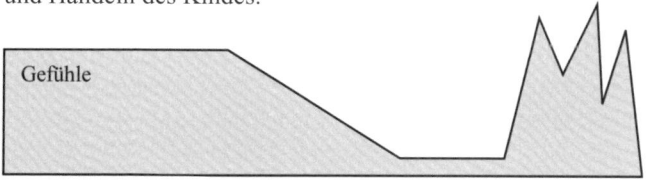

Wenn wir uns die rasante Entwicklung der Fähigkeiten und des Denkens beim Grundschulkind vor Augen führen, so entsteht ein anderes Bild.

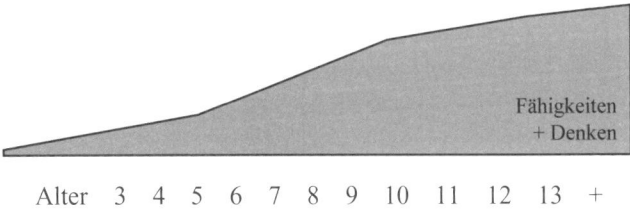

Legt man nun beide Linien übereinander, so ergibt sich im Pre-Teen-Alter zwischen Gefühlen und Fähigkeiten + Denken ein extremes Verhältnis.

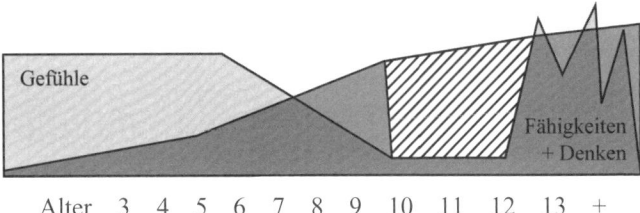

Die Gefühle des Pre-Teens befinden sich in der tiefsten Ruhephase vor den Stürmen der Pubertät. Gleichzeitig sind sein Denken, seine Fähigkeiten und Fertigkeiten so weit entwickelt wie nie zuvor. Diese Kombination macht dieses Alter zu einem kostbaren Zeitpunkt. Es entsteht ein „offenes Fenster", das wir nicht ungenutzt lassen sollten; eine Art „Gelegenheitsfenster", das große Chancen bietet, um in zehn- und elfjährige Kinder zu investieren.

„Während die Pubertät sich durch sehr viele Veränderungen in sehr kurzer Zeit auszeichnet, fällt in der Vorpubertät die verhältnismäßige Ruhe auf."[26] Die Kinder sind ausgeglichen und in der Regel leicht zu führen.

Eine entfernte Bekannte unserer Familie hat drei Kinder –
mittlerweile alle im Jugendalter. In regelmäßigen Abstän-
den schilderte sie uns die Not, die ihre Kinder ihr bereite-
ten. Vor einigen Jahren lautete der Tenor ihrer Anrufe so:
Mein 14-Jähriger ist zurzeit so schwierig, dass ich mir
nicht mehr zu helfen weiß. Mein Elfjähriger dagegen ist
ganz anders, mit dem komme ich wunderbar aus. Mit ihm
werde ich nicht solche Probleme haben (und mit meiner
kleinen Tochter erst recht nicht). Drei Jahre später hatten
sich ihre Telefonate verändert. Der vormals Elfjährige war
in der Pubertät angekommen und machte der Alleinerzie-
henden das Leben schwer. Nun tat er Dinge, die die jüngere
Tochter im Pre-Teen-Alter laut Aussage der Mutter nie ma-
chen würde. Es war nicht einfach für die Mutter, meine Ge-
danken zur Pre-Teen-Phase anzunehmen, bedeutete es
doch, dass sie sich auch mit ihrer Tochter auf ähnliche
Kämpfe gefasst machen musste. Zwei Jahre später war
auch bei ihrer Tochter die Vorpubertät beendet ...

„Der Körper hat zwar noch kindliche Proportionen. Aber im Gegensatz zu kleineren Kindern beherr-
schen Pre-Teens ihren Körper."[27]
Diese Phase ist eine Zeit großer
Leistungsfähigkeit. Die Kinder haben ihre Möglichkeiten ausprobiert,
gewisse Schwerpunkte entdeckt
und sind nun dabei, ihre Fähigkeiten zu trainieren. Sie befinden sich

> Die Gefühle des Pre-Teens
> befinden sich in der tief-
> sten Ruhephase vor den
> Stürmen der Pubertät.
> Gleichzeitig sind sein
> Denken, seine Fähigkeiten
> und Fertigkeiten so weit
> entwickelt wie nie zuvor.

in einer körperlichen Hochphase, sind außerordentlich leis-
tungsbereit und können sich exzessiv für Sport oder Musik be-
geistern. Auch verstandesmäßig sind sie nun recht weit entwickelt. Sie sind in der Lage, logisch zu denken, sind interessiert,
wissbegierig und enorm belehrbar. Es ist das Alter, das Verein-

strainer und Musiklehrer lieben. Ihre Schüler setzen das, was sie sagen, bereitwillig und geschickt um und sind zu ungeahnten Steigerungen fähig.

„Diesen äußeren Merkmalen entspricht auch der innere Zustand der Persönlichkeit. Pre-Teens sind oft selbstbewusst und sicher. Sie haben sich an ihr Aussehen und ihre Stellung in der Familie und Gesellschaft gewöhnt. Erst in der Pubertät werden alle diese Sicherheiten wieder durchgeschüttelt."[28] Die Chance dieser Lebensphase besteht darin, dass die Beschäftigung mit sich selbst beim Pre-Teen nicht im Vordergrund steht. „Das Pre-Teen-Alter ist sozusagen der letzte Moment der unbeschwerten Kindheit"[29].

Ich habe in den vergangenen Jahren viele Kinder in meinen Gruppen heranwachsen sehen. Eine Beobachtung hat mich immer wieder geschmerzt: mitanzusehen, wie viele der Zehn- und Elfjährigen, die sich eben noch ihrer selbst und ihres Körpers sicher waren und häufig unbeschwert durchs

*Leben gingen, kurze Zeit später bis ins Mark verunsicherte
Teenager wurden. Wie oft habe ich gewünscht und gehofft,
die ganz große Krise würde dem- oder derjenigen erspart
bleiben (wohl wissend, dass diese Phase zum natürlichen
Entwicklungsprozess dazugehört). Nur ganz selten konnte
ich beobachten, wie einzelne ihre Natürlichkeit und Sicherheit auch durch die Pubertät hindurch bewahren konnten.
Ich meine erkennen zu können, dass das leidenschaftliche
Verfolgen eines außenstehenden Zieles (sportlich, musika-
lisch o.a.) bei der Bewältigung der Pubertät eine Hilfe ist.*

Ein letztes wichtiges Merkmal kennzeichnet die Pre-Teen-
Phase: Kinder in dem Alter haben eine positive Einstellung zu
Eltern und anderen erwachsenen Bezugspersonen. Auch wenn

diese Tatsache bereits die vergangenen Jahre gegolten hat, ist sie jetzt doch bemerkenswert. In spätestens zwei Jahren werden sich die 13-jährigen Teenager vor allem an Gleichaltrigen ausrichten. Dann ist nicht mehr die Meinung der Eltern gefragt, sondern das, was die Gruppe sagt. Pre-Teens lassen sich noch einmal stark von den Eltern und anderen Erwachsenen prägen, bevor sie sich im Teenageralter von ihnen

> Pre-Teens lassen sich noch einmal stark von den Eltern und anderen Erwachsenen prägen, bevor sie sich im Teenageralter von ihnen abgrenzen müssen, um ihre Identität zu finden. Sie erachten es als Wertschätzung, wenn Erwachsene sich Zeit für sie nehmen.

abgrenzen müssen, um ihre Identität zu finden. Sie erachten es
als Wertschätzung, wenn Erwachsene sich Zeit für sie nehmen.

55

Wie können wir den zukünftigen Teenager auf seinem Glaubensweg begleiten?

In vielen Bundesländern folgt nach vier Jahren Grundschule der Wechsel in die fünfte Klasse einer weiterführenden Schule. Damit wird auch äußerlich ein neuer Abschnitt markiert. Während das Kind in der Grundschule zuletzt zu den Großen gehörte, beginnt es nun wieder bei den kleinen Fünftklässlern, ist dafür aber jetzt mit richtig Großen zusammen.

> *Bei den meisten überwiegt das Gefühl, nun zu den Großen zu gehören. Ein Fünftklässler kam voller Stolz nach seinem „ersten Schultag" zu seinem Vater: „Papa, ich fühle mich sooo groooß!"*

Es ist gut, wenn dieses neue Lebensgefühl des Pre-Teens auch in der Gemeinde seinen Ausdruck findet. Nach Möglichkeit sollte er auch dort nicht noch weitere Jahre mit Sechsjährigen (oder Jüngeren) in der gleichen Gruppe verbringen. Wenn irgend möglich, sollten wir uns in unseren Gemeinden diesem besonderen Alter auch besonders widmen. Oftmals kümmern wir uns als Eltern und als Gemeinde erst dann wieder intensiv um „unsere" Kinder, wenn sie eigentlich gar nicht mehr von uns beeinflusst werden wollen. Wir werden aktiv, wenn die Widerstände beginnen und allerlei Kämpfe den Alltag bestimmen. In den Gemeinden gibt es Teenagergruppen, Jugendleiter und Jugendpastoren. Sie alle haben ihren Fokus auf die Teenager und Jugendlichen gerichtet. Wir müssen im Pre-Teen-Alter beginnen, die heranwachsenden Teenager und Jugendlichen zu prägen. Dies ist die letzte Gelegenheit für uns als Erwachsene und sozusagen „die letzte Tankstelle vor der Autobahn".

Vordringlich ist es, als Eltern und Mitarbeiter Beziehungen aufzubauen und zu vertiefen. Wir sollten jede Chance nutzen, um uns Zeit zu nehmen und mit unseren Pre-Teens zusammen zu sein. Die Beziehung, die wir jetzt zu dem Elfjährigen festigen, wird zu einer wichtigen Stütze für den späteren Jugendlichen. Mitarbeiter, die in dieser Zeit das Vertrauen der Pre-Teens erwerben, werden zu sicheren Anlaufstationen, wenn in der Pubertät die Kommunikation mit den Eltern schwierig wird. Gute Hilfen für Eltern sind Vater/Sohn-Ausflüge, Mutter/Tochter-Nachmittage oder gemeinsame handwerkliche oder andere praktische Projekte.

Ein unvergessliches Erlebnis für mich und meinen elfjährigen Sohn war unser dreitägiger Ausflug nach Amsterdam. Gemeinsam planten wir unsere Aktivitäten. Am ersten Tag besuchten wir das eindrückliche Anne-Frank-Museum und erlebten einen tollen Nachmittag im Wachsfigurenkabinett. Am zweiten Tag: Gang durchs Van-Gogh-Museum und jede Menge Spaß in einem maritimen Erlebnispark. Abends und auch sonst in jeder freien Minute: Tischtennis bis zum Umfallen ...

Eltern, die sich jetzt intensiv um ihr zehn- oder elfjähriges Kind kümmern, zahlen ein großes Guthaben auf das gemeinsame Beziehungskonto.

Dies ist eine gute Zeit, um Werte zu vermitteln und Glaubensfundamente zu legen. Dadurch, dass das Denken der Pre-Teens weit entwickelt ist und sie gleichzeitig aufnahmebereit und belehrbar sind, können sie sich mit den grundlegenden Lebensfragen (die bereits im Vorschulalter angerissen wurden) nun intensiv auseinandersetzen: „Wer bin ich? Wie lebe ich? Was prägt mich? Wie möchte ich leben?" Mit der Behandlung dieser existenziellen Fragen stoßen wir wichtige Denkprozesse an. Ein Pre-Teen, der diese Fragen für sich beantworten kann, geht mit einem sicheren Fundament in die Stürme der Teenagerzeit.

Den lern- und leistungsbereiten Pre-Teen sollten wir auch

in seinen ganz praktischen Fähigkeiten fördern. Im Elternhaus und in der Gemeindegruppe können Alltagsaufgaben ausprobiert und eingeübt werden. Das kann sich vom Kochen einer Mahlzeit, dem Fegen und Wischen von Fußböden über das Auswechseln von Glühbirnen bis zum Reparieren des Fahrrades erstrecken. Solche und andere Tätigkeiten sollten Kinder dieser Entwicklungsstufe durchführen und trainieren.

Eltern von Pre-Teens empfehle ich ein „Ferientraining". In einem Heft werden sechs bis acht praktische Alltagsaufgaben notiert und konkret beschrieben. Jede Tätigkeit erhält ein Symbol und ein Kästchen zum Abhaken. An jeweils einem Ferientag weist der Vater oder die Mutter in eine der Tätigkeiten ein. Anschließend oder am nächsten Tag wird die Aufgabe vom Pre-Teen weitgehend selbstständig durchgeführt und von den Eltern abgehakt. Bei Erledigung aller Aufgaben erfolgt eine angemessene Belohnung.

Solcherlei Tätigkeiten ermöglichen wertvolle gemeinsame Zeiten mit Vater oder Mutter, erweitern die Möglichkeiten des Pre-Teens, nehmen ihn mit seinen neuen Fähigkeiten ernst und entlasten früher oder später die Eltern.

Ich bin sehr dankbar, dass wir vor einiger Zeit in unserer Gemeinde ein spezielles Pre-Teen-Programm einführen konnten. Wir orientieren uns dabei an einem Material, das seit Jahren in der Schweiz entwickelt und erprobt wird[30]. Es findet sonntagvormittags für alle Kinder der fünften und sechsten Klasse statt. Dabei wechseln sich die Vermittlung von Glaubensgrundlagen und das Durchführen alltagspraktischer Tätigkeiten ab. Letzteres wird maßgeblich von den Eltern geleistet. Mal werden acht Bügeleisen und - bretter aufgetrieben und Hemden gebügelt, mal sämtliche Reifen am Auto eines Vaters gewechselt. Mal wird darüber gesprochen, dass Gott uns individuell geschaffen und gewollt hat und mal der Familienstammbaum angefertigt. Die Mischung aus Themen zu wichtigen Lebensfragen und vielen abwechslungsreichen Tätigkeiten machen den Reiz und die Anziehungskraft der Gruppe aus. Immer aber gehört eine Aufgabe für zu Hause dazu. Wir wollen Gelegenheiten schaffen, dass Kinder ihre erworbenen Fähigkeiten anwenden und Zeit mit ihren Eltern verbringen.

Im zugrunde liegenden Konzept „Pre-Teens – Veränderung in Sicht" werden folgende Ziele formuliert:[31]
• Lebens- und Glaubensfragen klären
• die Beziehung der Eltern und der Gemeinde zum Pre-Teen stärken
• die Eltern unterstützen
• die Pre-Teens auf die Teenagerzeit vorbereiten
Teil einer guten Vorbereitung auf die Teenagerzeit ist auch, die bevorstehenden körperlichen Veränderungen zu thematisieren.

Das oben genannte Konzept schlägt dazu ein Wochenende mit dem gleichgeschlechtlichen Elternteil vor. Dabei soll unter guter Anleitung und eröffnenden Fragen das Gespräch darüber ermöglicht werden. Auch wenn es schwerfällt, sollten wir der Thematik nicht ausweichen. Ich plädiere stark dafür, das Thema Sexualität auf jeder Entwicklungsstufe in unserer gemeindlichen Kinder- und Jugendarbeit zu verankern. Während es bei Vorschulkindern noch um die Frage ging, wo die Kinder überhaupt herkommen, wird es später um die körperlichen Unterschiede von Jungen und Mädchen gehen. Jetzt sollte das Thema „Frau werden" und „Mann werden" auf die Tagesordnung kommen. Wenn wir nicht den Mut aufbringen, unsere Kinder in unserem Sinne zu prägen, werden es andere in ihrem Sinne tun.

Wichtig ist auch, nicht beim Vermitteln von Wissen und Einüben neuer Fertigkeiten in dieser Entwicklungsphase stehen zu bleiben. Der selbstbewusste Pre-Teen, der sich seiner Fähigkeiten bewusst ist, sollte auch Gelegenheiten bekommen, Verantwortung zu übernehmen. Er ist nun in der Lage, einer neuen Stufe der Verantwortung gerecht zu werden. Es erfüllt ihn mit Stolz und motiviert ihn, wenn die erlernten Möglichkeiten in die vertrauensvolle Übertragung neuer Aufgaben und neuer Freiheiten münden. Als Eltern und als Mitarbeiter sollten wir aktiv Ausschau halten, wo wir dem Pre-Teen in der Familie und in der Gemeinde einen neuen Platz mit klarer Verantwortlichkeit zuweisen können.

Wichtig ist auch, nicht beim Vermitteln von Wissen und Einüben neuer Fertigkeiten in dieser Entwicklungsphase stehen zu bleiben. Der selbstbewusste Pre-Teen, der sich seiner Fähigkeiten bewusst ist, sollte auch Gelegenheiten bekommen, Verantwortung zu übernehmen.

Der Teenager (12–16 Jahre)

Der Begriff „Teenager" wird vom Wortstamm der englischen Zahlen ab 13 (thirteen, fourteen …) abgeleitet. Dennoch wollen wir den Begriff ein Jahr früher verwenden. In den letzten 20 Jahren haben sich viele Entwicklungsprozesse beim Heranwachsenden derart beschleunigt, dass allgemein von einem früheren Eintritt in die Pubertät ausgegangen wird. Mancher Autor von Teenagerliteratur hat daher seine Bücher bei einer Neuauflage kurzerhand mit einer neuen Altersangabe im Titel versehen. Ein Buch über Vorpubertät und Teenagerzeit, das vor 20 Jahren noch an 12- bis 17-Jährige gerichtet war, ist kürzlich nahezu unverändert für 9- bis 13-Jährige erschienen. Fest steht, dass diese Lebensphase eine Zeit großer Veränderungen ist. Diese Veränderungen vollziehen sich nicht nur früher, sondern auch fast immer anders, als die meisten Eltern es erwarten.

Was verändert sich im Teenager-Alter? Am auffälligsten sind die körperlichen Veränderungen. Ohne diese hier im Einzelnen aufzuführen, können wir festhalten, dass für viele Teenager nun eine erschreckende Zeit beginnt, die jeden Tag neue körperliche und seelische Veränderungen mit sich bringt, die sich noch dazu ihrer Kontrolle entziehen.

Die Gefühle erwachen. „Wir schütteln den langen emotionalen Winterschlaf ab und fangen wieder zu fühlen an."[32] Nach mehrjähriger Ruhephase branden die Gefühle wieder auf, und zwar nicht gleichförmig, sondern in einem schwankenden Auf und Ab. Mit ihnen kommen Irritationen und Verunsicherung. Die hormonellen Veränderungen führen dazu, dass Teenager außerordentlich launisch sein können. Sie werden regelrecht von ihren Gefühlen beherrscht. Stimmungsschwankungen sind an der Tagesordnung und werden zum bestimmenden Faktor. Von einem Augenblick zum anderen kann die Befindlichkeit umschlagen – manchmal ausgelöst durch einen winzigen Anlass oder eine kleine Bemerkung, häufig ohne erkennbaren Grund. Eben noch war der Teenager voller Begeisterung für eine Sache, nun ist er destruktiv, missmutig oder niedergeschlagen.

Mir klingen die eindrücklichen Worte eines holländischen Jugendreferenten[33] noch im Ohr. Er sagte: „Einen Teenager zu kritisieren ist immer ungerecht!" Auch wenn ich diese Aussage in ihrer Absolutheit nicht teilen kann, verstehe ich doch, was damit gemeint ist. Die körperlichen, emotionalen und – wie wir noch sehen werden – die kognitiven Veränderungen sind so massiv, dass wir von einer permanenten „Baustelle" im Körper des Teenagers ausgehen können. Viele seiner Handlungsweisen haben darin ihre Ursache und können ihm nur bedingt angelastet werden.

Mit dem Wiedererwachen der Gefühlswelt sehnen sich Teenager nach Anreizen für ihre Sinne. Sie hören gerne Musik, und zwar möglichst laut. Sie wollen sich mit dem ganzen Körper spüren und völlig in den Klang eintauchen. Das Verlangen nach Sinnesreizen ist auch der Grund, warum viele in diesem Alter beginnen, mit Alkohol und Drogen zu experimentieren. Alles, was einen emotionalen Kick verspricht, hat Hochkonjunktur: Filme mit „thrill", Vergnügungen mit Nervenkitzel und rauschende Partys mit Gleichgesinnten. Harmlose Filme und bisherige Freizeitaktivitäten haben ausgedient. Der Geruchssinn wird plötzlich sensibel und das Aussehen bekommt immense Bedeutung.

Als Marc neun Jahre alt war, konnten ihn Eltern und Mitarbeiter nur unter Zwang zur Körperpflege bewegen. Nun ist er 14 und benutzt jede Menge verschiedene Deos, Sham-

poos und Gel. Seine zwölfjährige Schwester macht sich von früh bis spät Gedanken über ihr Aussehen. Die Zeit, die sie vor dem Spiegel verbringt um ihre Haare zu frisieren und ihre Kleider anzuprobieren, hat rapide zugenommen. Auch Marc achtet inzwischen sehr genau auf modische Klamotten und „angesagte" Schuhe.

Große Veränderungen vollziehen sich im Denken des Teenagers. Er lernt mehr und mehr zu differenzieren und verschiedene Aspekte zu berücksichtigen. Während das Kind bisher nur in der Lage war, Dinge in Verbindung mit seinen alltäglichen Erfahrungen zu begreifen, beginnt der Teenager nun abstrakt zu denken. Begriffe wie „Gerechtigkeit" oder „Wahrheit" kann er nun auch unabhängig von einer bestimmten Situation verstehen. Dieser Übergang vom konkreten zum abstrakten Denken hängt eng mit einer weiteren Veränderung zusammen: Der Teenager kann sich erstmals selbst reflektieren. Das Kind betrachtet seine Umwelt immer nur aus der Perspektive, aus der es selbst auf die Welt schaut. Es kann keine andere Perspektive einnehmen.

Als Kind habe ich manches Mal an einer Bahnschranke gestanden und den vorbeirauschenden Zügen zugeschaut. Dabei habe ich versucht, die Personen in den Abteilen zu erfassen. Ich habe mir vorgestellt, wie sie im Zug sitzen und Zeitung lesen oder aus dem Fenster schauen. Ich weiß noch, wie es eines Tages gelang: Ich konnte „mit den Augen" des Reisenden aus dem Abteil schauen und den Jungen mit seinem Fahrrad hinter der Bahnschranke „sehen", der ich selbst war.

Der Teenager kann beiseite treten und sich und seinen Handlungen von außen zuschauen. Er kann sich selbst beim Agieren beobachten und mit den Augen eines anderen betrachten.

Wir alle haben es schon einmal erlebt: Ein Siebenjähriger kann während einer Schulaufführung auf der Bühne seelenruhig in der Nase bohren. Er zieht die gesamte Aufmerksamkeit auf sich, ohne dass es ihm etwas ausmacht bzw. er es überhaupt bemerkt. – Für einen 14-Jährigen ist bereits ein kleiner Pickel eine Katastrophe.

James Fowler bezeichnet diese Zeit als eine „Zeit der Spiegel"[34]. Der Teenager ist in der Lage, sich selbst zu bespiegeln. Dies ist der Grund, warum er fortwährend mit seinem Image beschäftigt ist.

Zu der äußeren Sorge um das Image kommt die innere Suche nach eigener Identität. Diese Suche ist mit vielen Ängsten und Unsicherheiten verbunden und gehört zum Prozess der „Bespiegelung". Nicht nur die Frage: „Was halten die anderen von meinem Äußeren?", sondern: „Was halten sie von mir als Person?", beschäftigt den Teenager. „Er oder sie braucht die Augen und Ohren einiger anderer, denen er vertraut, um darin das Bild seiner sich entfaltenden Persönlichkeit zu erkennen."[35]

Die Zeit der Pubertät wird vielfach mit dem Bild der Verpuppung beschrieben. Die Raupe verpuppt sich und umgibt sich mit einem nicht sehr ansehnlichen Kokon. Im Inneren vollzieht sich derweil eine umfassende Verwandlung – fast so etwas wie der Übergang von einer alten zu einer neuen Existenz. Nach einiger Zeit schlüpft für alle sichtbar der neue Schmetterling hervor.

Ein anderer Vergleich ist der des Hummers. Hummerkinder fühlen sich sicher, weil sie wiesen, dass Hummerkinder nicht gefangen, sondern gepflegt und gefüttert werden. Irgendwann aber wächst das Hummerkind und sein Panzer wird ihm zu klein. Er zwickt, kneift und muss schließlich abgeworfen werden. Bis der neue Panzer nachgewachsen ist, ist der Hummer schutzlos und verletzlich allen Anfein-

dungen ausgeliefert. Er zieht sich ganz tief in seine Hum-
merhöhle zurück, damit ihm niemand gefährlich werden
kann. Hier ist es warm, gemütlich und dunkel. Hier träumt
er davon, wie es wohl sein wird, wenn er einmal erwachsen
ist. Nach und nach wächst der neue Panzer. Erst als er fest
und groß ist und der Hummer sich wieder sicher und ge-
schützt fühlt, verlässt er seine stickige, dunkle Höhle und
begibt sich hinaus in die Welt.[36]

Teenager machen eine tiefgreifende Verwandlung durch, in der
sie schutzlos und verletzlich sind. „Der Junge und das Mädchen, die in der sechsten oder siebten Klasse in die Pubertät
kommen, sind nicht mehr dieselben, wenn sie mit 17 oder 18
die Pubertät hinter sich haben."[37]

Der Vorgang der „Verwandlung" und Identitätsfindung ist
mit vielerlei Schmerzen verbunden und geht mit einer starken
Phase der Ablösung einher. Diese Phase ist stärker als die Ablö-
sungsphase beim zweijährigen Kind, hat aber ähnliche Motive.
Der Teenager kämpft um seine Unabhängigkeit und Selbstständigkeit. Er setzt alles daran, sich als eigenes Individuum zu finden und zu profilieren. Seine Mittel dazu sind Opposition gegen
Autoritäten und Widerstand gegen bisherige Regeln. Werte und
Glauben der Eltern werden auf das Grundsätzlichste hinterfragt.
Der Teenager möchte weder irgendwelche Familiennormen
übernehmen noch länger mit den Eltern in den gewohnten Ur-
laub fahren. Manchmal bezieht er nur deshalb eine gegenteilige
Meinung, um den Erwachsenen deutlich zu machen, dass er anders ist. Eltern machen die Erfahrung, dass ihre eben noch vehe-
ment abgeschmetterte Meinung, sobald Mitglieder der Clique
sie vertreten, plötzlich widerstandslos akzeptiert wird. Mit Lo-
gik ist diesem Phänomen nur selten beizukommen. Neben aller
Ablösung und Abgrenzung hat der Teenager gleichzeitig den
starken Wunsch, sich einer Gruppe Gleichgesinnter anzuschlie-
ßen, um akzeptiert zu werden.

In dem Werbetext eines Kinofilms las ich vor einiger Zeit eine passende Beschreibung des Dilemmas: „Der Teenager hat das glühende Verlangen, etwas Besonderes zu sein und trotzdem in der Gruppe aufgehen zu können."[38]

Der Teenager kämpft um seine Unabhängigkeit und Selbstständigkeit. Er setzt alles daran, sich als eigenes Individuum zu finden und zu profilieren. Seine Mittel dazu sind Opposition gegen Autoritäten und Widerstand gegen bisherige Regeln. Werte und der Glauben der Eltern werden auf das Grundsätzlichste hinterfragt.

Für Eltern und Lehrer von Teenagern wird die folgende Tatsache zu einer Herausforderung: Seine Zielorientierung ist niedrig – die Beziehungsorientierung ist hoch. Das heißt, Freunde, Cliquen und Gleichgesinnte haben oberste Priorität. Teenager verbringen ihre Freizeit am liebsten mit Freunden und Kumpels. War bisher noch wichtig, was Eltern und Lehrer von ihnen hielten, ist nun entscheidend, wie sie in den Augen ihrer Freunde dastehen. Sich in der Clique „wohlfühlen" und „Spaß haben" wird wichtiger als die persönliche Überzeugung und Redlichkeit. In fast allen wichtigen Fragen zählt zuallererst die Gruppenmeinung. Der Gruppendruck ist stärker als jede andere Bindung. „Was die Clique glaubt, glauben auch die einzelnen Mitglieder, was die Clique tut, tut auch der Einzelne. Eltern und Schule haben dagegen kaum eine Chance."[39] Wenn ein „Alphatier" in der Klasse einen neuen Trend verkündet, so ist der plötzlich bei allen „in" und die nächsten Wochen das beherrschende Thema. Die Erledigung elementarster Aufgaben, häuslicher Pflichten sowie Schulaufgaben rangieren ganz unten auf der Skala.

Ein älterer Teenager in meiner Umgebung wurde von seiner Mutter gebeten, den Mülleimer an die Straße zu bringen. In einer Mischung aus Selbstüberzeugung und Dreistigkeit schaute er seine Mutter an und sagte: „Mama, das bringt mich nicht weiter."

67

Die typische Verweigerung des Teenagers ähnelt dem Nein! der Entwicklungsstufe eines Zweijährigen, sie ist nur anders verpackt. Die Schlüsselworte eines Teenagers lauten: Wieso ich? Junge Teenager erinnern in ihrem Verhalten an die Zeit, als sie Kleinkinder waren. Sie lieben es zu essen, zu schlafen, zu spielen, zu weinen und keinerlei Verantwortung zu übernehmen. Sie sehnen sich zurück nach der Symbiose, in der die Mutter für alles zuständig war. Sie brauchen jetzt Eltern, die der Versuchung widerstehen, alte Abhängigkeiten wieder aufzubauen. Sie müssen lernen, zu denken, zu handeln, Dinge konkret zu erbitten und so die Symbiose ein für alle Mal lösen.

In dem Unterrichtsraum meines Professors hing ein gerahmter Text, der viele Aspekte der Pubertät treffend beschreibt:

„Wenn Väter ihre Kinder einfach gewähren und laufen lassen, wie sie wollen, und sich vor ihren erwachsenen Kindern geradezu fürchten, wenn Söhne schon sein wollen wie die Väter, also ihre Eltern weder scheuen und fürchten noch sich um ihre Worte kümmern, sich nichts mehr sagen lassen wollen, um ja recht erwachsen und selbstständig zu erscheinen, wenn Lehrer vor ihren Kindern und Schülern zittern und ihnen lieber schmeicheln, statt sie sicher mit starker Hand auf einem geraden Weg zu führen, sodass sich diese Schüler aus diesen Lehrern nichts mehr machen, wenn es überhaupt schon so weit ist, dass sich die Jüngeren den Älteren gleichstellen, ja gegen sie aufhetzen in Wort und Tat, die Älteren sich aber unter die Jungen setzen, um sich ihnen gefällig zu machen, indem sie ihre Albernheiten übersehen oder gar daran teilnehmen, damit sie ja nicht den Anschein erwecken, als seien sie Spielverderber oder gar auf Autorität versessen: Wenn auf diese Weise die Jungen allmählich aufsässig werden und sich alsbald verletzt fühlen, wenn ihnen jemand den geringsten Zwang antun will, wenn sie am Ende dann die Gesetze verachten, um nur ja keinen Gebieter über sich zu haben – so führt dieser Missbrauch der Freiheit und Demokratie geradewegs in die Knechtschaft der Tyrannis."
Worte des Philosophen Platon vor über 2400 Jahren

Wie können wir Teenagern helfen, einen persönlichen und tragfähigen Glauben zu entwickeln?

Unser Hauptaugenmerk muss in diesem Alter auf der Beziehungsebene liegen. Wenn wir im Pre-Teen-Alter damit begonnen haben, ist bereits eine gute Ausgangsposition geschaffen. Eltern und Mitarbeiter, die in dieser Phase nur auf ihre Autorität pochen, aber die Beziehung zu ihrem Teenager nicht pflegen, werden weder gehört noch befolgt. Erwachsenen wird nicht mehr aufgrund ihrer Stellung Autorität eingeräumt, sondern aufgrund ihrer Beziehung. Das Recht, in das Leben des Teenagers hineinzusprechen, muss verdient werden. Einen kürzeren Weg gibt es nicht.

Die starke Beziehungsorientierung der Altersgruppe muss sich auch auf unsere gemeindliche Teenagerarbeit auswirken. Dafür sollten

> Eltern und Mitarbeiter, die in dieser Phase nur auf ihre Autorität pochen, aber die Beziehung zu ihrem Teenager nicht pflegen, werden weder gehört noch befolgt. Erwachsenen wird nicht mehr aufgrund ihrer Stellung Autorität eingeräumt, sondern aufgrund ihrer Beziehung.

wir „Beziehungsräume" schaffen. Ein Teenagerprogramm braucht in zeitlicher Hinsicht genug Luft zum „Abhängen", zum „Chillen" und „Sein". Aber es braucht auch vier Wände und eine teeniegemäße Ausstattung mit vielen Möglichkeiten zur eigenen Gestaltung. Auch in dieser Hinsicht müssen und sollen sich Teenager von den Vorstellungen der Erwachsenen absetzen dürfen.

Teenager brauchen nun mehr denn je unsere Ermutigung und unser begründetes Lob. Durch die Vielzahl an körperlichen Veränderungsprozessen fühlen sie sich nicht wohl in ihrer Haut. Die wechselhafte Stimmungslage tut ihr Übriges. In dieser Zeit üben sie stärkste Kritik an sich selbst, an ihrem Aussehen und ihren Fähigkeiten. In der Teenagergruppe ist nun der richtige Zeitpunkt, über Selbstannahme und darüber, wie Gott uns sieht, zu lehren.

Durch die neu erworbene Fähigkeit, sich selbst zu reflektieren und die Welt aus verschiedenen Perspektiven zu betrachten, kann sich der Teenager erstmals in seine Schulkameraden hineinversetzen. Es ist ihm möglich, sich mit dem Moslem, Juden oder Atheisten neben sich und dessen religiöser Weltsicht zu identifizieren. Dies führt zu Verunsicherungen. Der Teenager überprüft die Wertvorstellungen in der Familie und Ge-

meinde, um zu entscheiden, welche Werte er in sein eigenes
Leben übernehmen will. Er muss nun wissen, was er glaubt
und warum er es glaubt. Und ebenso, was er nicht glauben will
und warum nicht.

Auf dieser Entwicklungsstufe sollten wir in Gemeinde und
Elternhaus alle Fragen zulassen und uns nicht von „unchrist-
lichen" Fragestellungen irritieren lassen. Wenn es nicht erlaubt
ist, kritische und anzweifelnde Fragen zu stellen, beginnen
Teenager in zwei verschiedenen Bereichen zu leben: in einem
gemeindlichen und einem schulischen.

*In der Gruppe der 12- bis 14-Jährigen unserer Gemeinde
habe ich das Thema „eigener, selbstständiger Glaube" behandelt. Die Teens bekamen die Aufgabe, einen Fragebogen
auszufüllen. Er war überschrieben mit „Was hindert mich
daran selbst zu glauben". Auf ihm konnten sie zum Teil vor-
formulierte Aussagen ankreuzen, zum Teil eigene Aussagen
ergänzen. Die meist genannten Aussagen waren:*

- *dass die Schöpfungsgeschichte für viele Wissenschaftler
  nicht haltbar ist.*
- *dass meine Freunde auch gut ohne Jesus leben können.*
- *dass ich Gott noch nie selber „gehört, erfahren, ge-
  spürt" habe.*
- *dass ich denke, ich müsste dann mein Leben ändern.*
- *dass meine Gebete nicht erhört worden sind.*
- *dass es vor meinen Kumpels einfach uncool ist.*
- *dass man mit jemandem redet, den man nicht sehen
  kann.*
- *dass ich nicht weiß, was dann mit mir passiert.*

*Ein Teenager schrieb in großen Buchstaben darunter: „Es
ist so schwer zu glauben." Ein anderer: „Ich will wissen,
dass es Gott wirklich gibt!"*

Es ist wichtig, mit Teenagern über ihre wahren Gedanken, Befürchtungen und Zweifel ins Gespräch zu kommen. Dazu brauchen wir eine Atmosphäre, in der kritische Anfragen willkommen geheißen werden. Unsere Reaktionen und Antworten darauf sollten in erster Linie persönlich und authentisch sein. Eine ehrliche Antwort ist passender als eine perfekte. Und christlich-korrekte Antworten kennen sie zuhauf. Es ist jetzt von großer Bedeutung, mit Erwachsenen zusammen zu sein, die leben, was sie sagen. Echte und stimmige Vorbilder sind gefragt. „Scheinheiligkeit gießt Öl ins Feuer der Rebellion und löscht die Achtung vor der Autorität aus."[40]

> Es ist jetzt von großer Bedeutung, mit Erwachsenen zusammen zu sein, die leben, was sie sagen. Echte und stimmige Vorbilder sind gefragt.

Nicht weniger wichtig ist es, den Teenagern Glaubensinformationen zu geben. Hintergründe über andere Religionen und das Spezifische des Christentums sind genauso nötig wie die Auseinandersetzung mit Fragen der Schöpfung oder Evolution. Aus dem Grund ist in den meisten Gemeinden der Ge-

meindeunterricht, Biblische Unterricht oder Konfirmanden-
unterricht im Alter zwischen 12 und 14 Jahren angesiedelt. Es
gibt viele Modelle zur Vermittlung dieser „Unterrichtsinhalte".
Erfolgversprechend sind diejenigen, die nicht allein auf die
Weitergabe von Unterrichtsstoff ausgerichtet sind, sondern
gleichzeitig den anderen Bedürfnissen von Teenagern ent-
gegenkommen.

*Über viele Jahrzehnte fand der Biblische Unterricht unse-
rer Gemeinde innerhalb der Woche als 60-minütige Lehr-
einheit statt. Dieselben Teenager, die bereits dazu verpflichtet waren, kamen sonntags mehr oder minder freiwillig zum
Gottesdienst. Da sie sich dort zu alt für den Kindergottesdienst, aber zu jung für den Erwachsenengottesdienst fühl-
ten, verbrachten sie den Vormittag regelmäßig zwischen Ge-
meindefoyer und Tankstellenkiosk. In dieser Situation bra-
chen wir mit einer langanhaltenden Tradition und verlegten
den Biblischen Unterricht auf den Sonntag. Die Teenager
sind seitdem um einen unliebsamen Termin entlastet und
haben eine sinnvolle Anlaufstelle während des Gottesdienstes. Die Zeit selbst ist komplett neu gestaltet. Der Vormittag
beginnt mit einer lockeren „Ankommzeit" bis 15 Minuten
nach Gottesdienstbeginn. Beim Tischfußball, Dartspielen
oder Abhängen auf dem Sofa bringen sich die Teens auf den
aktuellen Stand seit der letzten Woche. Parallel probt bereits
die eigens formierte Teenieband für die folgende Lobpreis-
zeit. Thematisch werden sowohl klassische Themen des
Biblischen Unterrichts als auch aktuelle Jugendfragen im
Plenum und in Kleingruppen behandelt. Eine Snackpause
lockert den Vormittag auf. Am Ende wird weitergequatscht,
gespielt oder auf den Instrumenten „gejammt", bis die Eltern vom Gemeindecafé kommen … Manchmal beginnt der
Tag auch mit einem Frühstück oder endet mit einem Mittagessen, das gemeinsam gekocht wurde.*

Andere Gemeinden schließen sich zusammen und gestalten den Gemeindeunterricht ausschließlich in Form mehrerer Wochenendfreizeiten. Wie das eigene Modell auch immer aussieht, wir sollten wahrnehmen, dass die Zugehörigkeit zu einer Gruppe oder Clique den höchsten Stellenwert hat und darum die Weitergabe von dem, was wir vermitteln wollen, mit Gruppenaktivitäten und starken Beziehungselementen verbinden.

Eltern und Erwachsene müssen lernen, die Ablösung zuzulassen. Meist beginnt sie mit der äußeren Erscheinung: Kleidung und Haare müssen sich zunehmend von denen der Eltern unterscheiden. Die dahinterstehende Frage des Teenagers lautet: „Ich bin ich und nicht du. Liebst du mich auch, wenn ich anders bin und grüne Haare habe?" Als Eltern müssen wir lernen, dann einzugreifen, wenn es um innere Werte geht, aber es ihnen erlauben, sich von Traditionen zu trennen, die nicht „heilsentscheidend" sind. „Wir sollten dort mehr Freiräume geben, wo es sich um ungefährliche Alltagssituationen handelt (z. B. Mode, Haarschnitt, Hobbys, Taschengeld …) und engere Grenzen dort setzen, wo Gefährdungen möglich oder wahrscheinlich sind."[41] Teenager, die sich nicht mit 13 oder 14 Jahren zum Beispiel durch Kleidung oder Musik absetzen dürfen, suchen sich wenige Jahre später das aus, was den Eltern am Heiligsten ist, um sich mit Gewalt von ihnen abzulösen: Der Sohn eines Polizisten wird mit 15 oder 16 möglicherweise gezielt gegen das Gesetz verstoßen, um ins Gefängnis zu kommen – eine bewusst herbeigeführte Katastrophe für den Vater. Die Tochter eines Gemeindeältesten oder Pastors wird schwanger – wiederum eine massive Abgrenzungsmaßnahme.

Auch umgekehrte Reaktionen sind möglich. Mir ist ein flippiges 68er-Ehepaar bekannt, das sich ihre kritische Haltung gegenüber Gemeinde und Gesellschaft bis heute bewahrt hat. – Einer ihrer beiden Söhne ist Pastor, der andere

*Polizist geworden. Ein anderes Kind aus laissez-faire-ge-
prägtem Elternhaus verpflichtet sich bewusst zum Bundes-
wehrdienst. Die Begründung gegenüber der Mutter: „Ich
möchte endlich mal kennenlernen, was Disziplin ist."*

Abgrenzung muss sein und gehört zum natürlichen Entwicklungsprozess. Wir sollten Teenagern genug Raum dazu geben.
Trotz aller Widerstände und Konflikte sollten Eltern und Mitarbeiter sich nicht zurückziehen. Der Hamburger Familien-
und Kommunikationsberater Jan-Uwe Rogge spricht sich
deutlich für eine aktive Erziehung aus: „Wer sich aus der Erziehung zurückzieht, zieht sich aus der Beziehung zurück,
lässt den Jugendlichen allein."[42] In seinem Buch „Loslassen
und Haltgeben" geht er darauf ein, welche Folgen ein Ausweichen aus der Auseinandersetzung mit dem Heranwachsenden
hat. „Sie fühlen sich allein, ohne wirkliche Bindung. Halt-
und Orientierungslosigkeit sind die Folge. Das macht Jugendlichen Angst, verunsichert sie."[43] „Erst im Wissen um den sicheren Hafen, den man bei Sturm und Unwetter jederzeit an-
laufen kann, können Pubertierende den Hafen verlassen, um
den unbekannten Ozean zu erkunden."[44] Auch Frank und Catherine Fabiano sind davon überzeugt, dass einfaches Einlen-
ken nicht die richtige Reaktion ist. Sie formulieren aus der
Sicht der Teenager: „Wir beknien die Eltern, damit sie unseren Forderungen nachgeben, aber tief in unserem Innern wünschen wir uns, dass sie es nicht tun. Denn in Wahrheit wollen
wir starke Eltern haben, die wir achten können, weil sie uns
Vorbild sind in dem, was sie uns abverlangen, die bereit sind,
sich notfalls unbeliebt zu machen, indem sie Grenzen
ziehen."[45]

Klare Vereinbarungen und Grenzen sind nötig. Sie bieten dem
Teenager Schutz und Orientierung. Auch braucht er nach wie
vor Hilfe bei der Zeiteinteilung und benötigt Strukturen für

seine Aufgaben. Nur wenige Teenager können sich bereits selbst organisieren und motivieren. Wenn Regeln aufgestellt werden, müssen wir uns auch Gedanken über die Konsequenzen machen, falls sie nicht eingehalten werden. Die besten Konsequenzen sind die, die sich natürlich aus der Handlung des Teenagers ergeben. „Die Folgen unseres Handelns selbstverständlich zu tragen, das ist der ‚Stoff', der unseren Charakter modelliert und uns in unserer Verantwortung wachsen lässt."[46]

Im Gegensatz zu früher spielt Sexualität nun eine gewichtige Rolle. Der Teenager hat eine natürliche Neugier auf alles, was mit Sex zu tun hat. Während in der vorhergehenden Phase Jungen und Mädchen am liebsten getrennt waren, ziehen sie sich nun magisch an. Wir sollten ihnen gute und hilfreiche Informationen geben, sonst werden sie andere Quellen suchen.

> Klare Vereinbarungen und Grenzen sind nötig. Sie bieten dem Teenager Schutz und Orientierung.

75

Mädchen beispielsweise sind in diesem Alter erschreckend naiv, was die Wirkung ihrer Kleidung auf Jungen betrifft. Sie sind sich nicht bewusst, was sie auslösen, weil sie nicht wissen, wie Jungen „funktionieren". Hier kann ein vertrauenswürdiges Ehepaar wichtige Aufklärungsarbeit leisten und Informationen geben, die die Mädchen sonst nirgends bekommen.

Zu den „Sternstunden" bei unseren Gemeindeunterrichts-Freizeiten gehört der Abend, an dem es um Mädchen und Jungen geht. Jeweils für sich wird ein Fragebogen ausgefüllt, was am anderen Geschlecht „nervt" bzw. was man toll findet, und darüber gesprochen. Dann geben der jeweilige Mitarbeiter bzw. die Mitarbeiterin diese kostbaren Informationen an die jeweils andere Gruppe weiter. Ich erinnere mich gut an die Reaktion eines 14-Jährigen: „Das war der wichtigste Abend meines Lebens. Ich hatte ja keine Ahnung, worauf Mädchen so stehen. Ich habe alles mitgeschrieben."

Das Thema Freundschaft und Sexualität gehört in die Teenagerarbeit einer Gemeinde. Andernfalls orientieren sich die Heranwachsenden an dem Halbwissen der Freunde, dem Kino-Sex à la Hollywood oder an Pornografie im Internet.

Für Teenager kommen neue Lebensbereiche hinzu, Bereiche, die vorher nur eine geringe oder gar keine Rolle gespielt haben. Über einige haben wir bereits gesprochen:

- Freunde, Cliquen und Kumpels werden maßgebend
- Freundschaft und Sexualität sind *das* Thema
- Geld, Anschaffungen und materielle Dinge bekommen größere Bedeutung
- Musik wird zu einem hohen Identifikationsmittel
- Computerspiele ermöglichen die Flucht in andere Welten
- Jugendbanden und Gangs versprechen Zugehörigkeit und Identität

Als Gemeinde und Jugendmitarbeiter sind wir gefragt, zu diesen „neuen" Lebensthemen biblisch-christliche Orientierung zu geben. Der Teenager braucht Lehre und echte Vorbilder, um in diesen Bereichen seine Position zu finden. Und er braucht Gelegenheiten, sich neu unter die Herrschaft Gottes zu stellen – mit allem, was ihn jetzt ausmacht. Vielleicht hat er Jesus bereits auf einer früheren Entwicklungsstufe als seinen Freund angenommen. Vielleicht hat er ihn bereits als den erlebt, der als sein Retter die Dinge vergibt, die nicht in Ordnung waren. Jetzt kann er Jesus als seinen

> Der Teenager braucht Lehre und echte Vorbilder, um in diesen Bereichen seine Position zu finden. Und er braucht Gelegenheiten, sich neu unter die Herrschaft Gottes zu stellen – mit allem, was ihn jetzt ausmacht.

Herrn und Herrscher über diese neuen Lebensbereiche annehmen – und zwar deshalb, weil sie vorher noch keine Rolle gespielt haben.

Dies ist auch die Zeit, gemeinsam mit dem Teenager nach vorne zu schauen und Themen wie Beruf, Berufung und Zukunft anzusprechen. „Wofür möchtest du leben? Welchen Beruf willst du ergreifen? Wie stellst du dir deine Zukunft vor? Hat Gott da ein Mitspracherecht? Wo kannst du jetzt bereits Verantwortung übernehmen?" Wichtig ist es, den Teenager auf diesem Weg zu begleiten. Wir sollten ihn in der Mitarbeit schulen und ihm angemessene Verantwortungsbereiche in der Kinder- und Jugendarbeit oder an anderen Orten der Gemeinde übertragen.

In dieser Lebensphase wird es manchen Teenager geben, der sich trotz aller unserer Bemühungen von der Gemeinde und vielleicht auch von Gott zurückzieht. Das ist für Eltern ein zutiefst schmerzlicher Prozess. Auch Mitarbeitern fällt es schwer, zum Teil langjährige Beziehungen loszulassen. Vielleicht zieht sich der „Hummer" für längere Zeit in seine Höhle zurück. Vielleicht braucht er die deutliche Distanz und Abkehr von dem, was die Eltern glauben und von der stillen Erwartung, die er seit Jahren spürt. Mancher Teenager muss auch in dieser Hinsicht eine Symbiose zu den Eltern und der Gemeinde lösen. Er muss sich radikal abwenden, um zu erfahren, was von alledem „seins" war. Er wirft seinen alten Kinderglauben ab, der ihm zu klein, nicht haltbar oder zu eng geworden ist. Er sitzt ungeschützt in seiner Höhle, um sein eigenes und neues Glaubensgefüge wachsen zu lassen. Vielleicht ist dies am Ende gar nicht so sehr anders als das alte – aber es ist sein eigenes. Vielleicht ist es aber auch etwas, was sich deutlich von seinem bisherigen Glauben unterscheidet. Wir können ihn dort nicht mehr begleiten. Aber wir können sicher sein, dass „unser Teenager" auch in diesen Phasen seines Lebens nicht allein ist. Bei ihm ist der Gott, der seine Fragen ernst nimmt, seine Zweifel aushält und voller Geduld diese Verwandlung begleitet. Er sitzt mit ihm in der Hummerhöhle. Wir dürfen seinen weiteren Weg umbeten und darauf hoffen, dass die Saat, die wir mit aller Fehlerhaftigkeit, aber in guter Absicht im Elternhaus und in der Gemeinde gesät haben, eines Tages aufgehen wird.

Der Jugendliche (ab 17 Jahre)

Meist folgt bereits mit 15 oder 16 Jahren eine Phase, die etwas ruhiger wird, spätestens aber mit 17 Jahren. Die ärgsten Stürme sind vorüber und der Alltag mit dem Jugendlichen wird leichter.

Obgleich es noch Widerstand gibt, beteiligt er sich wieder stärker am Familienleben oder hilft bereitwillig bei Projekten oder Aktionen der Eltern mit.

Manch 17-Jähriger hat auch in der Gemeinde bereits seinen Platz gefunden. In der Jugendgruppe, im Technik- oder Musikteam oder an anderen Stellen sind viele 17-Jährige verlässliche Mitarbeiter und tragende Säulen mit klaren Aufgabenbereichen.

„Wir übernehmen zunehmend mehr Verantwortung für unser Leben und bereiten uns darauf vor, eventuell von zu Hause auszuziehen, um ein unabhängiges, verantwortliches Glied der Gesellschaft zu werden."[47] Für Eltern ist es an der Zeit, sich auf das endgültige Loslassen vorzubereiten, aber weiterhin zur Verfügung zu stehen, wenn ihr Rat gefragt ist.

„Wenn alles gut gegangen ist, verlassen wir diese Zeit (der Pubertät) mit einem klaren sozialen Vertrag. Er besteht im Wesentlichen darin, dass ich im Leben Dinge tun muss … ob ich will oder nicht … ob ich mich danach fühle oder nicht … dass die Gefühle anderer Menschen mit meinen Handlungen zu tun haben und ich darauf Rücksicht nehmen muss … dass sich die Welt nicht allein um mich dreht."[48]

Wenn alles gut gegangen ist und Gott Gnade geschenkt hat, entwickelt sich der Jugendliche zu einem Erwachsenen, der unabhängig von anderen sein kann, der beziehungsfähig für Partnerschaft und Familie ist, der sich berufliches Können erwirbt und lebenstüchtig ist. Wenn alles gut gegangen ist und Gott Gnade geschenkt hat, konnte der Jugendliche auf jeder Stufe seiner Entwicklung Glaubensschritte mit Gott gehen und einen eigenständigen und tragfähigen Glauben an seinen Freund, Retter und Herrn Jesus Christus entwickeln.

Schlussgedanken

Wir haben das Kind ein Stück durch seine ersten 17 Lebensjahre begleitet. Unsere Betrachtungen enden hier – aber die Entwicklung geht weiter. Auch in den nächsten Jahren wird sich seine Persönlichkeit weiter herausbilden und sein Glaube weiter entwickeln. Die Berufswahl, der eigene Haushalt, vielleicht der Umzug in eine andere Stadt und die Frage der Partnerschaft und Familie sind wichtige Lebensparameter, deren Ausgestaltung noch vor ihm liegen. Neue Impulse, Lebenskonzepte und Theorien werden den Glauben herausfordern, in Frage stellen, vertiefen oder verändern. Das Mitspracherecht der Eltern ist dabei gering. Einige Jahre länger kann der Jugendmitarbeiter den Jugendlichen oder jungen Erwachsenen begleiten. Dann wird auch dieser Einfluss abnehmen und der Erwachsene wird seine Bewährungsproben weitestgehend alleine bewältigen.

Bis es so weit ist, sollten wir uns mutig unserer Erziehungsaufgabe stellen. Erziehung ist anstrengend. Jeden Tag aufs Neue geht es darum, sich zu kümmern, Entscheidungen zu treffen, konsequent zu sein und die gleichen Diskussionen zu führen. Doch es lohnt sich. In dieser Auseinandersetzung mit Streit und Versöhnung, mit Regeln und ihren Folgen entwickelt sich die Persönlichkeit und Stärke unserer Kinder.

Dabei wollen wir uns bewusst machen: Wir dürfen Fehler machen. Und wir werden Fehler machen und das ist gut so. Kinder, und besonders Teenager, brauchen keine perfekten Lösungen, sondern echte Beziehungen. Dazu gehören Missverständnisse, Reibungen und manchmal knallende Türen … Wichtig ist, dass wir uns diesem Prozess nicht entziehen.

Manches, was hier beispielhaft angeführt wurde, setzt Möglichkeiten voraus, die nicht in jeder Gemeinde gegeben sind. Viele Mitarbeiter stehen allein oder mit wenigen Helfern in der Kinderarbeit. Oft leiten sie eine Gruppe mit großer Altersspanne in noch dazu wenig geeigneten Räumen. Diese Mitarbeiter sind wahre Helden im Gemeindealltag. Sie sind wichtige und unvergessliche Bezugspersonen im Leben „ihrer" Kinder. Vielleicht helfen ihnen die Ausführungen, ein etwas tieferes Verständnis für das einzelne Gruppenmitglied zu bekommen. Eines Tages werden sie erfahren, welche gute Saat sie gesät haben.

Wir dürfen nicht vergessen: Das Wissen um die Zusammenhänge menschlicher Entwicklung ist wichtig. Es hilft, die einzelnen Phasen und das jeweilige Kind besser zu verstehen und begleiten zu können. Viele Aspekte der Entwicklung aber entziehen sich unserer menschlichen Machbarkeit. Eltern und Mitarbeiter können gute Rahmenbedingungen schaffen. Wie die Persönlichkeit, der Charakter und nicht zuletzt der Glaube eines Menschen sich entwickeln, ist das Ergebnis göttlichen Wirkens. Ob ein Kind oder Teenager geistliche Wahrheiten versteht und zum Glauben an Jesus Christus kommt, das ist Gnade und Geschenk Gottes.

Die Betrachtung der Entwicklungsstufen hat gezeigt, dass ein Kind unterschiedliche Phasen durchläuft. In jeder dieser Phasen vollziehen sich eine Vielzahl körperlicher, emotionaler, kognitiver oder sozialer Veränderungen. Diese haben Auswirkungen auf seine Glaubensentwicklung. Je nach Entwicklungsstufe hat das Kind unterschiedliche Zugänge zu Gott. Wir können fast sagen, es kann mehrere „unterschiedliche Bekehrungen" erleben. Was ich schon seit Jahren in meinen Kindergruppen erlebe und akzeptiere, hat dadurch einen theoretischen Unterbau bekommen und mir das Verständnis deutlich erweitert. Ein zehnjähriges Kind muss selbst dann erstmals zu Jesus als seinem Retter umkehren, wenn es ihn auf einer früheren Entwicklungsstufe schon als Freund angenommen hat. Warum? Weil sich in der Zwischenzeit überhaupt erst die Schulderkenntnis entwickelt hat. Dasselbe Kind im Teenageralter muss die neu erwachten Bereiche der Sexualität, der Freundschaften, des Geldes usw. unter die Herrschaft Gottes stellen und kann nun Jesus als seinen Herrn annehmen. Im Grunde ist uns das gar nicht so fremd. Auch ein Erwachsener ist oftmals als Erstes von der Liebe Gottes angezogen; seine Schuldhaftigkeit entdeckt er manchmal erst sehr viel später. Und bis jemand sein Leben ganz unter die Herrschaft Gottes gestellt hat, vergehen mitunter Jahre.

Kinder und Jugendliche sollen und dürfen Gott auf der Stufe antworten, auf der sie gerade stehen, und zwar mit allem, was sie dort ausmacht oder noch nicht ausmacht. Das müssen wir achten, wertschätzen und fördern. Auf jeder seiner Entwicklungsstufen ist das Kind zu einer Antwort des Glaubens fähig.

Erinnern wir uns an den eingangs erwähnten Bibeltext aus 5 Mose 6,4-9: *Höre, Israel: Der HERR ist unser Gott, der HERR allein! Und du sollst den HERRN, deinen Gott, lieben mit deinem ganzen Herzen und mit deiner ganzen Seele und mit deiner ganzen Kraft.* Dieser Aufforderung Gottes, „ihn zu lieben", können die Vorschulkinder *mit ihrem ganzem Herzen* nachkommen. Die hochaktiven Schulkinder in der Grundschule und im Pre-Teen-Alter antworten Gott darauf *mit all ihrer Kraft*. Und die Teenager, denen sich die Welt mit neuen Lebensbereichen und Fragen eröffnet, können *mit ihrem ganzen Willen*[49] Gott lieben und Jesus nachfolgen.
Auf diesem Weg des Glaubens wollen wir unsere Kinder so gut wir können begleiten.

Literaturangaben

Balsiger, K.; Voellmy, G.; Reusser P.: *Preteens – Veränderung in Sicht,* BESJ und King′s Kids Schweiz, Wiler /Schweiz, 2007

Bridger, F.: *Wie Kinder glauben*, Bibellesebund, Marienheide / Winterthur, 2006
Titel der engl. Originalausgabe: *Children Finding Faith,* Scripture Union, Bletchley, Großbritannien, 2000

Bruun, U.-B.: *Das Vorschulkind*, Beltz-Verlag, Weinheim, 1973

Eigene Mitschriften: *Fortbildungsseminar Schule für Prinzipien der Kinder- und Jugendarbeit – Wynne Stearns*, Wiler / Schweiz, 2001

Fabiano, F. u. C.: *Mut zur Reife,* GerthMedien GmbH, Asslar, 1999

Fowler, J. W.: *Stufen des Glaubens: Die Psychologie der menschlichen Entwicklung und die Suche nach Sinn*, Gütersloher Verlagshaus Mohn, Gütersloh, 1999

Haus, Chr.: *Religionspädagogische Entscheidungshilfen zum Taufalter von Kindern / Jugendlichen in unseren Gemeinden*, Manuskript, Gemeindejugendwerk der Evangelisch-Freikirchlichen Gemeinden, 2008

Rogge, J.-U.: *Pubertät – Loslassen und Haltgeben*, Rowohlt-Verlag, Reinbek, 1998

Anmerkungen

[1] Fowler, J.W., z.B.: Stages of Faith, Harper & Row, New York, 1981

[2] Loder, J.-E., z.B.: The Logic of the Spirit: Human Development in Theological Perspective, Jossey-Bass Publishers, San Francisco, 1998

[3] Westerhoff, J., z.B.: Will our children have faith?, Harrisburg, Pa: Moorehouse Publishing Co., 2000

[4] Frass, H.-J., z.B.: Religiöse Erziehung und Sozialisation im Kindesalter, Verlag Vandenhoeck und Ruprecht, Göttingen, 1973 und Glauben und Lernen, Göttingen, 1978

[5] Nipkow, K.-E., z.B.: Grundfragen der Religionspädagogik, Gütersloh, 1982

[6] Fabiano, F. u. C., Mut zur Reife, Gerth Medien GmbH, Asslar, 1999

[7] Bridger, F., Wie Kinder glauben, Bibellesebund, Marienheide/Winterthur, 2006

[8] Bruun, U.-B., Das Vorschulkind, Beltz-Verlag, Weinheim, 1973

[9] Fabiano, 1999, S. 121 f.

[10] Bridger, S. 86

[11] Haus, C., Religionspädagogische Entscheidungshilfen zum Taufalter von Kindern/Jugendlichen in unseren Gemeinden, *Manuskript*, Gemeindejugendwerk der Evangelisch-Freikirchlichen Gemeinden, 2008, S. 3

[12] Kant, I., Kritik der reinen Vernunft, 1781, II 2 2

[13] Bridger, S. 97

[14] Vgl. Bridger, S. 125

[15] Bridger, S. 79

[16] Bridger, S. 88

[17] Bridger, S. 86

[18] Bridger, S. 87

[19] Fabiano, S. 142

[20] Vgl. Bridger, S. 180 f.

[21] Vgl. Bridger, S. 183

[22] Westerhoff, J.: Will Our Children have Faith?, Pa: Moorehouse Publishing Co., Harrisburg, 2000

[23] Fabiano, S. 151

[24] Fabiano, S. 153

[25] Vgl. http://socialtuning.wordpress.com/2008/01/23/selbstkontrolle-der-marshmallow-test

[26] Balsiger, K.; Voellmy, G.; Reusser, P.: Preteens – Veränderung in Sicht, BESJ und Kings Kids Schweiz, Wiler / Schweiz, 2007, S. 13

[27] Balsiger, S. 13

[28] Balsiger, S. 13

[29] Balsiger, S. 13

[30] Balsiger, K.; Voellmy, G.; Reusser, P.: Preteens – Veränderung in Sicht, BESJ und Kings Kids Schweiz, Wiler / Schweiz, 2007

[31] Balsiger, S. 7

[32] Fabiano, S. 162

[33] Vlug, P., 2001, Wiler / Schweiz

[34] Fowler, „Stages of Faith," New York, Harper & Row, 1981, S.151

[35] Fowler, S. 151

[36] Vgl. Rogge, S. 11 f.

[37] Bridger, S. 136

[38] Film „Klassenfahrt", Deutschland 2002, Regie: Henner Winckler

[39] Bridger, S. 130

[40] Fabiano, S. 177

[41] Rogge, S. 63

[42] Rogge, S. 22

[43] Rogge, S. 45

[44] Rogge, S. 36

[45] Fabiano, S. 168

[46] Fabiano, S. 194

[47] Fabiano, S. 189

[48] Fabiano, S. 169 f.

[49] Die Gute Nachricht Bibel übersetzt „Seele" an dieser Stelle mit „Willen": „Darum liebt ihn von ganzem Herzen, mit ganzem Willen und mit aller Kraft."

Notizen

Notizen

Notizen

Notizen

Notizen

Notizen

Notizen

Notizen

Notizen